Orí Àpéré Ó
O ritual das águas de Oxalá

Dados Internacionais de Catalogação na Publicação (CIP)
(Câmara Brasileira do Livro, SP, Brasil)

Rodrigué, Maria das Graças de Santana
    Orí Àpéré Ó : o ritual das águas de Oxalá / Maria das Graças de Santana Rodrigué. - São Paulo : Summus, 2001.
    Bibliografia.
    ISBN 978-85-87478-13-9

1. Ritos e cerimônias 2. Ritual das águas de Oxalá I. Título.

01-1651   CDD-299.67

Índices para catálogo sistemático:
1. Ritual das águas de Oxalá : Religiões de origem africana   299.67

www.summus.com.br

Compre em lugar de fotocopiar.
Cada real que você dá por um livro recompensa seus autores
e os convida a produzir mais sobre o tema;
incentiva seus editores a encomendar, traduzir e publicar
outras obras sobre o assunto;
e paga aos livreiros por estocar e levar até você livros
para a sua informação e o seu entretenimento.
Cada real que você dá pela fotocópia não autorizada de um livro
financia o crime
e ajuda a matar a produção intelectual de seu país.

Orí Àpéré Ó
O ritual das águas de Oxalá

Maria das Graças de Santana Rodrigué

ORÍ ÀPÉRÉ Ó – O RITUAL DAS ÁGUAS DE OXALÁ
Copyright © 2001 by Maria das Graças de Santana Rodrigué
Direitos reservados por Summus Editorial

Capa: **Nelson Mielnik e Sylvia Mielnik**
Fotografias: **Sonia Carmo e
Maria das Graças de Santana Rodrigué**
Editoração eletrônica: **Acqua Estúdio Gráfico**
Editora responsável: **Heloisa Pires Lima**

Departamento editorial
Rua Itapicuru, 613 – cj. 72
05006 – São Paulo – SP
Fone: (11) 3862-3530
Fax: (11) 3872-7476
http://www.selonegro.com.br
e-mail: selonegro@selonegro.com.br

Atendimento ao consumidor:
Summus Editorial
Fone (11) 3865-9890

Vendas por atacado:
Fone: (11) 3873-8638
Fax: (11) 3873-7085
e-mail: vendas@summus.com.br

Impresso no Brasil

Aos meus pais: Álvaro Paulo de Santana e Amanda Carlota Oliveira de Santana, pelo cuidado inicial que propuseram ao meu corpo, ao meu *Orí*. Pelas minhas irmãs, irmãos, sobrinhos. Pelos meus avós. Por terem me apresentado o pensamento ao lado da face enigmática da vida mediante a arte de conviver.

Aos meus filhos, pelo magistrado maternal: André Luiz, pelo humor com que olha o lado sério da existência. Manoel Moura, pela alegria adquirida com o efeito do trabalho. Delmo, pela arte de equilibrar seu amor próprio com seus irmãos e com o mundo. Saulo Luiz (1978-1998), pela sagacidade espiritual com a qual honrosamente me fez companhia.

Às minhas netas e suas mães: Taiuane, Yasmim, Júlia, pela beleza da revelação ancestral de uma face minha, antes, desconhecida de mim. Esperança que se estende à longevidade da minha dedicação ao crescimento humano.

Ao Sol, aos que compunham o sentido de minha vida, aos meus amigos, às novas gerações.

Nota da editora

O dinamismo da língua portuguesa no Brasil permite a integração de termos estrangeiros ao nosso idioma, existindo para esse fim um conjunto de normas bem definido. Essa adaptação já inclui numerosos termos de origem ioruba, língua de um grupo étnico africano. Nesta obra, porém, enfrentamos o desafio de uma grafia para os termos ainda não-dicionarizados. A grafia ioruba foi muitas vezes estabelecida por intelectuais voltados para esses registros, consistindo em um emaranhado de representações distintas, que passaram a ser preservadas e transmitidas pelas casas de culto afro-brasileiras. Cabe mencionar especialmente a existência de uma acentuação específica, cuja introdução ou omissão pode alterar completamente o sentido da palavra. Tal acentuação exige programas especiais de computador, nem sempre disponíveis com facilidade. Tal fato, por si só, já constitui uma dificuldade para a grafia dos termos não-dicionarizados. Acrescente-se a isso uma discussão de cunho político que envolve a adequação ou não de determinados critérios para a adaptação dos termos.

Optamos aqui por respeitar essas nuances do debate intelectual. Assim, um termo em itálico muitas vezes não é português nem ioruba, parecendo-nos que essa composição inclui uma vasta gama de possibilidades, desde o ioruba remoto até o aportuguesamento ativo. A opção foi enfatizar o dinamismo de ambos os idiomas e revelar simultaneamente a complexidade da discussão.

AGRADECIMENTOS

O que se conta: "Na manhã do ritual de Ela, uma festa dedicada a Ogum, o *Abogun* (sacerdote de Ogum) 'com a espada na mão e a coroa na cabeça, vestindo roupas brancas', após saudar a entrada da cidade, dirige-se para perto de uma das árvores sagradas – *akoko*, *yeye* ou *peregun* – levando como oferendas a Ogum ferramentas – enxada, facão, machado –, inhame assado, milho e feijão, um galo, obi e orobô. Depois das oferendas e de apresentados o obi e o orobô – jogados, para que se saiba sobre a aceitação da oferta –; depois de depositados os objetos, um tecido branco, novo é enrolado ao redor do tronco da árvore, simbolizando a chegada do novo ano de Ogum.

Após esse ato o *Abogun* reza agradecendo a proteção recebida de Ogum no ano transcorrido, pede prosperidade e orienta os devotos presentes. Terminada essa etapa, levanta a espada e, com o olhar de sacerdote de Ogum, grita:

Ogun olu-ilana yo Orí o! Ogum divindade que abre caminho venha se mostrar
Ogun olu-ilana yo Orí o! Ogum divindade que abre caminho venha se mostrar
Ogun olu-ilana yo Orí o! Ogum divindade que abre caminho venha se mostrar

Os presentes respondem:

Ogun awa ye! Saudações! Nosso Ogum se mostrou! Ele é vida!
Ogun awa ye! Saudações! Nosso Ogum se mostrou! Ele é vida!
Ogun awa ye! Saudações! Nosso Ogum se mostrou! Ele é vida!

Com apreço, ao prof. dr. Ênio José da Costa Brito, pela maestria expressa na sábia orientação. Axé, o.

À Capes, pelo ato de ressignificação de benefícios recebidos da PUC, por intermédio da bolsa de estudos.

Aos professores dr. José Queiroz, dra. Dilma de Mello, que ao lado de meu orientador compuseram, com valiosas sugestões, a Banca de Exame de Qualificação.

Com amizade, à profa. dra. Denise Ramos, pelo incentivo e pela sensibilidade receptiva como mestra, com quem comparti saberes. Estendo meus agradecimentos especiais aos professores, mestres e mestrandos(as) do Programa de Estudos Pós-Graduados em Ciências da Religião, atuais representantes da PUC-SP.

Aos que compartiram mesmo a distância ou até de forma invisível, com o poder de interlocução, para a realização concreta dessa apresentação: Iá Stella, mestre Didi, Sheila Walker, Yvonne Daniel, Juana dos Santos, Sukie Miller, Lia Mara, Sonia e Gisela Rao, Gicela Alakija, Iza Barbosa, Irene Gentilli, Ricardo Neves, Ginã, Seyé, Omin Ewé, Beth Thomé, Egberto Penido, Sávio Santana, Rafael Moura, Telma Vasconcelos, Kelly Sabini, Madalena, Ruth Brito, Cátia Santos, Ricardo Pessoa, mestre Bita do Barão, Vanda Alves, M. Helena Abreu. São Paulo, São Francisco Xavier, Sorocaba, Passa 4, Jequié, Rosita Góes, Mary, Al Bauman, Sauluzz (*in memoriam*).

À Iniciativa Gaia, na pessoa de Edmundo Barbosa, pela expressão afetiva, filosófica e acolhedora.

Pelo olhar fotográfico, Sonia Carmo. Pela minha iniciação às enciclopédias, Emílio Rodrigué. À primeira leitora oficial, Eleonora Ramos. Aos autores não citados que escreveram antes de mim.

"Deus está na música", obrigada papai, meu primeiro mestre, Álvaro Paulo de Santana, pelo aviso com efeito de parecer. Modupé Babá bami ó, pelo rito de passagem.

ÍNDICE

Revelando a força do ritual 11

O olhar de dentro e de fora na diáspora africana 13

Introdução 17

PARTE I: ESPAÇO E TEMPO SAGRADOS 33

1. Arqueologia do Terreiro

    Tradição e cultura africanas no Brasil 39
    Terreiros tradicionais da Nação de Ketu 46
    A sucessão de *Iyá Obá Biyí* no Ilê Axé Opô Afonjá 53

2. O Tempo Sagrado dos Orixás e do Terreiro 71

    Orí Orixá Oxalá 72
    Orixalá, o Grande Orixá *Funfun* 75
    Efún alá *Opasoró* 81
    A casa de Oxalá 84
    A cozinha de Axé 88
    A casa do fogo (Ilê *Idana*) 90
    A casa do saber 91
    A cozinha do afonjá 94
    A casa da memória 97

PARTE II: OXALÁ, O RITUAL E SUA FESTA 105

3. O Ritual das Águas de Oxalá no Terreiro 111

Quinta-feira, Véspera do Ritual 114
Sexta-feira das "Águas de Oxalá" 121
Ritos de Renovação e de Passagem 127

4. Os Três Domingos de Festa 139

Primeiro domingo: Domingo de *Oduduwa – Siré* de Oxalá .. 140
Segundo domingo: Domingo de Oxalufã –
Procissão do Alá 153
Terceiro domingo: Domingo de *Orisagiyan – Ojô Odô* 155
As "Águas de Oxalá" na cultura do povo da Bahia 158

Conclusão 167

Glossário 173

Bibliografia 183

REVELANDO A FORÇA DO RITUAL

Maria das Graças de Santana Rodrigué tinha muito bem gravado na sua memória o Ritual das Águas de Oxalá, com a riqueza de seus matizes e tons. Ao escrever *Orí àpéré ó: o ritual das águas de Oxalá*, tomou consciência da força dessas memórias.

O livro, fruto de vasta e profunda pesquisa, revela ângulos surpreendentes de um tema afro-brasileiro, pouco estudado, oferecendo informações preciosas para adeptos e estudiosos da Tradição dos Orixás.

O Ritual das Águas é uma festa sagrada do *Egbé* (corpo de sacerdotes da tradição africana) em reverência ao orixá da Criação. O ritual da renovação do Orí, não é só de purificação, purificação da cabeça de cada participante, mas também um rito de passagem dos mais importantes. Nas palavras da autora: "o ritual revela ser um rito de passagem original, ou seja, o rito do nascimento de Orí no Aiyé, paradigma mitológico do processo iniciático que deita raízes na tradição nagô."

O texto, nas suas dobras e circunvoluções, conduz os leitores(as) a descobrirem que repetir o ritual é transformar em cosmos o caos cotidiano. Desperta, ainda, o desejo de reiterar o tempo primordial e de experienciar o sagrado.

Livro fascinante, que permite aos leitores(as), pela profusão de detalhes e graças ao talento da autora, um reencontro com suas próprias raízes culturais e religiosas.

Ênio José da Costa Brito

O Olhar de dentro e de Fora na Diáspora Africana

Orí Àpéré ó representa uma contribuição importantíssima à compreensão da presença africana nas Américas, aos papéis que desempenharam as culturas de origem africana na formação das culturas do nosso hemisfério, e das suas influências no cotidiano de nós americanos. Americanos usado no sentido pan-americano. Este livro, então, passa a ser fundamental para a percepção da vida atual de todas as Américas.

Estamos começando a compreender que só é possível conhecer as Américas se tomarmos em conta os cerca de 15 milhões de africanos que chegaram nas costas dos continentes e das ilhas do oeste atlântico, e que até a metade do século XIX foram a maioria dos americanos. Para entender as Américas, então, temos que reconhecer a importância da diáspora africana para sua construção e *Orí Àpéré ó* faz parte dessa nova tradição intelectual da vanguarda.

A Bahia, local deste estudo do ritual das Águas de Oxalá, é um dos lugares-chave para estabelecer esta compreensão devido à forte presença da cultura ioruba ou, como se chama na Bahia, a cultura nagô. Cheguei na Bahia como antropóloga afro-norte-americana, querendo fazer uma pesquisa sobre as religiões de origem africana no Brasil. A minha grande sorte foi que logo encontrei Maria das Graças de Santana Rodrigué, num momento em que iniciava seu processo de aprendizagem na tradição dos Orixás. Ela desenvolvia uma pesquisa de campo que durou muitos anos, o que lhe permitiu adquirir um conhecimento profundo dessa realidade.

Posso dizer que eu acompanhei esse processo. Com ela compreendi como a aprendizagem de uma cultura pode esclarecer elementos de outra. Essa aprendizagem de elementos da cultura afro-brasileira me ajudou a compreender a minha cultura afronorte-americana, e também me ensinou que a perspectiva comparativa é necessária para compreender a diáspora africana nas Américas.

Encontrei Maria das Graças atuando como pedagoga, membro do Grupo de Trabalho e Pesquisa em Educação, na escola de uma das comunidades religiosas mais antigas do Brasil, de princípios baseados numa filosofia de origem africana. Agora, neste livro, a encontramos ainda como pedagoga, mestre em ciências da religião, depois de muitos anos de estudos profundos em duas linhas filosóficas – uma de origem africana, na qual o ensino passa pela tradição oral, e outra de origem européia através da tradição escrita. Essa particularidade nos permite compreender os mesmos acontecimentos de duas maneiras, de duas perpectivas, segundo duas filosofias e duas pedagogias.

O trabalho da autora revela que o grande intelectual afronorte-americano dr. W. E. B. DuBois, em seu livro clássico do pensamento da diáspora africana *A alma da gente negra* (1903) chamou a "dupla consciência" do povo de origem africana. No começo do século XXI esta dupla consciência se refere à vantagem de poder perceber o mundo de, pelo menos, dois pontos de vista de uma só vez, como no caso de Maria das Graças, compreender um fenômeno cultural por dentro e adquirir uma maneira de compreendê-lo de fora.

A autora comparte conosco o ensino africano dessas velhas sábias da tradição ioruba dos Orixás, tradição que se perpetua e que se vive na Bahia. Com ela temos o privilégio de entrar na intimidade de um mundo especial e assistir ao ritual que inicia o ano litúrgico nas Casas Tradicionais nagô. Sua análise nos inicia também na compreensão de um ato que se vive a niveis diferentes, do mais superficial ao mais complexo e profundo.

O escritor e diplomata maliense Amadou Hampâté Bâ, conhecido defensor do valor da tradição oral africana, disse numa reunião da Unesco, em Paris, no começo dos anos 1960, palavras que são repetidas com freqüência quando se fala da necessidade de resgatar essa fonte de sabedoria secular que é a tradição oral. "Cada vez que morre um velho na África, é como se queimasse uma biblioteca." Maria das Graças nos demonstra que, na diáspora africana, muita sabedoria secular fica ainda na oralidade, nas cabeças e nas bocas das senhoras mais velhas da tradição dos Orixás com as quais a autora passou longos anos de sua vida a escutar. Esse trabalho representa, então, o resgate de uma parte da biblioteca que são essas senhoras antigas da comunidade religiosa do *Ilé Àsè Òpó Àfònjá*.

Maria das Graças nos serve também de intérpree. Ela nos comunica saberes apreendidos dentro da comunidade, essa sabedoria oral das senhoras mais velhas nos seus próprios termos, convidando-nos a viver momentos privilegiados neste pedaço da África nas Américas. Interpreta e explica também este fenômeno em termos que vêm de outra tradição e de outro tipo de pedagogia de origem européia. Ela aplica o que aprendeu do lado de fora, na academia, para dar uma outra perspectiva interpretativa do que acontece do lado de dentro. Então, contribui com a interpretação da tradição oral, que exige a presença atenta da pesquisadora e a confiança dessas sábias que só compartem o que sabem com quem o mereça, convive com um outro sistema que transmite esse conhecimento de maneira mais abstrata, pela escrita e à distância da realidade vivida.

Este livro representa também uma contribuição ao estudo comparativo da diáspora africana. A apresentação de um elemento de fundamento da presença africana nas Américas, neste caso da cultura ioruba numa das suas manifestações do lado oeste do Atlântico, oferece uma base para o estudo de fenômenos semelhantes em outros lugares de forte presença ioruba, como, por exemplo, em Cuba. Sugere o estudo comparativo do que permaneceu da tradição e como se manifesta com suas semelhanças e diferenças.

Não podemos esquecer que esta é a análise da manifestação de um fenômeno de origem africana nas Américas de hoje. É o resultado da presença involuntária de africanos, dos seus encontros com os europeus e seus descendentes que tentaram impedir a prática desses atos religiosos, e das maneiras que eles encontraram para perpetuar a sua cultura nas Américas.

Esta análise do ritual das Águas de Oxalá fornece uma peça a mais para a reconstrução do quebra-cabeças dessa diáspora, uma África espalhada do sul ao norte deste lado do Atlântico, falando idiomas coloniais distintos e, às vezes, o mesmo idioma africano – como no caso da tradição ioruba dos Orixás no Brasil e em Cuba – onde o idioma nacional é o português, o espanhol, mas onde o idioma litúrgico é o ioruba.

Então, as técnicas de análise usadas por Maria das Graças, com os seus métodos e suas bases teóricas duplas – endógenos ao fenômeno nagô e exógenos a esta tradição porque vendo da tradição acadêmica – podem se aplicar com muita utilidade ao estudo de outros fenômenos da diáspora africana nas Américas. É muito bom e significativo que esta análise comece pelo ato inicial de abertura anual do ciclo litúrgico: as "Águas de Oxalá".

Sheila S. Walker, Ph.D.
Diretora do Centro de Estudos Africanos e Africano-Americanos
Professora de Antropologia
Cátedra Annabel Iroin Worsham Centennial Professor, College of Liberal Arts
Universidade de Texas em Austin, USA

Introdução

Em 12 de fevereiro de 1979 conheci o Ilê Axé Opô Afonjá, uma das mais antigas comunidades religiosas de Tradição[1] dos Orixás[*2] e Cultura[3] no Brasil, fundado em 1910, na cidade de Salvador. O *Terreiro* está estabelecido numa área de 26 hectares de terra, uma bela fazenda tombada pelo Patrimônio Público do Estado, situada no bairro do Cabula, há 30 minutos do centro da cidade.

Terreiro é uma palavra de vastíssima circulação no universo das classes populares do Brasil. Ela designa tanto o espaço geográfico quanto a associação ou comunidade religiosa dos cultos negros. Pouco

---

1. A palavra tradição deriva do latim *tradere,* que significa entrega. Transmissão de valores espirituais ao longo de gerações. *"É entrega de conteúdos culturais de uma geração para a outra. Esses conteúdos não são inalterados, dados de uma vez para sempre, mas repostos pela continuidade histórica."* Palavras proferidas pelo prof. de pós-graduação da Escola de Comunicação da UFRJ e escritor, Muniz Sodré, em conferência durante o *Encontro Brasileiro da Tradição dos Orixás e Cultura,* realizado no Ilê Axé Opô Afonjá em Salvador, Bahia, em 2 de agosto de 1987.
2. "Orixá é vida" – palavras textuais da Ialorixá atual do terreiro, Ilê Axé Opô Afonjá, Stella de Oxossi. As palavras assinaladas no texto com asterisco (*) estão explicadas no glossário para facilitar a compreensão.
3. *"Cultura é movimento do sentido – o modo pelo qual um agrupamento humano se relaciona com o real, relacionamento esse que lhe outorga identidade".* Ver SODRÉ, Muniz. *O terreiro e a cidade.* Petrópolis: Vozes, 1988, p. 156.

importa que os praticantes morem ou não no terreiro: sua influência religiosa e cultural (pois não se trata apenas de uma comunidade litúrgica, mas também de um lugar de continuidade cultural) ultrapassa as fronteiras físicas, projetando-se na sociedade global.[4]

Os mais antigos chamam este pólo cultural de *Roça*, uma vez que a esta se parece; contudo, já pareceu muito mais, dizem os religiosos mais velhos. Um terço da área construída do Terreiro integra 11 Casas consagradas aos Orixás, espécie de pequenos santuários, um espaço de "festas" e moradias de aproximadamente cem famílias que lá habitam. Nesse espaço[5] de vivência cultural vive-se a religião[6] dos Orixás.[7] Religião de matriz africana num permanente processo de preservação e reconstrução do imaginário religioso.

Cada uma dessas Casas de Orixá – Ilê Orixá, lugar de culto – em seu conjunto revela a presença das diversas nações que se reúnem no Terreiro nagô, espaço sagrado de Tradição.[8]

O Ilê Axé Opô Afonjá, Terreiro fundado por Iá Obá *Biyî*,[9] tem o fogo e a água como elementos fundadores do Axé* associados ao

---

4. Como assinala SODRÉ, Muniz. In: SANTOS, Deoscóredes. *Contos de Mestre Didi.* Rio de Janeiro: Codecri Ltda., 1981. Prefácio.

5. Constituído – como define Milton Santos – pelo *"conjunto de formas que, num dado momento, exprimem as heranças que representam as sucessivas relações localizadas entre o homem e a natureza, mais a vida que as anima".* Ver SANTOS, Milton. *A natureza do espaço.* São Paulo: Huctec, 1996, p. 83.

6. Partindo da reflexão em torno do antigo conceito de texto religioso, Yvonne Daniel, doutora em antropologia da dança de tradição africana na diáspora pelas Américas, diz que ao pensar na etimologia latina da palavra religião (*re ligare*) afirma que a religião africana nas Américas: *"however, does not refer to written texts, but the union of humans with non-human or super-human entities".* A autora é discípula de Katherine Dunham, mergulhou pela rumba e emergiu pela Tradição religiosa de descendência africana no Brasil, Suriname e Cuba. Em seu artigo sintetiza sua teoria "Embodied Knowledge" e nos traz uma contribuição específica em torno do método. DANIEL, Yvonne. *Embodied knowledge, within the sacred choreographies of the orishas.* Washington, DC, 1991, p. 3.

7. Divindades do panteão Yorubá, conforme nota 2.

8. *"Tradição é herança Cultural, transmissão de crença ou técnicas de uma geração para outra, implica o reconhecimento da verdade da tradição, que desse ponto de vista se torna garantia de verdade e, às vezes, a única garantia possível."* ABBAGNANO, Nicola. *Dicionário de filosofia.* 2ª ed. Trad. Alfredo Bosi. São Paulo: Martins Fontes, 1998, p. 966.

Orixá Xangô e à Iemanjá. As Casas de Orixás que compõem o espaço sagrado estão distribuídas ao longo do Terreiro; nele se canta, se dança, se vivificam os mitos e se reverenciam os deuses segundo a nação do Orixá. A Casa de Xangô é a principal, socialmente tem poder imperial. É nesta Casa que a Ialorixá atende os que chegam.

Visitar o Terreiro, num primeiro momento, significa ser recebido por Xangô. Nas imediações da Casa de Xangô, encontra-se a Casa de Ossanha, Onile, Exu e *Ilê Ibó Akú*. Do outro lado se situa a Casa de Oxalá, estendendo-se ao longo do espaço urbano da Roça, avizinhado de Iemanjá. Em seguida está a de Obaluaiê, Nanã, Oxumaré, mais adiante a de Ogum, depois a de *Oyá*, logo a de Oxossi e a de Oxum.

A Casa de Oxalá, uma das mais antigas do Terreiro, se constitui um espaço consagrado ao ritual, em que o simbolismo vestido de branco está associado aos rituais de nascimento e morte. Os ritos de Passagem, o ritual "Canto de Folhas", bem como o ritual de *Igborí** são realizados nesta Casa branca (Ilê *funfun*), totalmente alva no seu interior e uma parte externa azul-clara. No centro do santuário de Oxalá, numa das extremidades da Casa, a azul, situa-se a morada de Iemanjá, e no outro extremo, o "laboratório" da cozinha de Axé, a Casa onde se cria o Fogo (Ilê *Idana*).

Na paisagem geral, predomina o *mato sagrado*, representado por árvores que carregam um grande laço branco em torno de seu tronco, o qual simboliza a árvore sagrada, o Orixá *Iroco*. Neste espaço verde, se saúda o Orixá Ossanha, mantendo-se uma floresta urbana de plantas nativas medicinais usadas para os banhos, beberagens e defumadouros durante os rituais da religião dos Orixás.

Inicialmente, a única palavra que eu conhecia era Axé, da qual desconhecia sua grafia de origem como também seu significado profundo. Axé,[10] força vital, é a energia primordial que promove a

---

9. Nome sacerdotal de Eugênia Ana dos Santos, "filha" do Orixá Xangô, que significa: O rei nasceu aqui agora. O nome do terreiro traz a insígnia da linhagem fundadora de axé. Ilê Axê Opô Afonjá, Casa construída com o Axé fundador de Xangô.

10. *"O axé é também um princípio-chave de cosmovisão. O axé assegura a existência dinâmica, que permite o acontecer e o devir. Sem axé, a existência estaria paralisada e desprovida de toda possibilidade de realização. É o princípio que torna possível o processo vital."* Ver SODRÉ, Muniz. *O terreiro e a cidade.* Petrópolis: Vozes, 1988, p. 87.

vitalidade enraizada do ser humano, com o que ele tem de mais essencial em si. É uma qualidade de energia latente mobilizada pelo aspecto sensível nas relações, daí dizer que ela é doada. A força que promove os acontecimentos. A palavra Axé também pode ser pronunciada e escutada como forma de agradecimento. Axé.

Para pronunciar com segurança o nome Ilê Axé Opô Afonjá levei tempo, meses, em virtude do desconhecimento da rica visão de mundo dos afro-religiosos no Brasil, descendentes da Tradição nagô de origem iorubana.

Convidada para participar de um projeto em fase de implantação, eu deveria elaborar um currículo de atividades que atendessem à proposta pedagógica de um projeto pioneiro,[11] com base no fazer interativo. Para isso, usar-se-ia a linguagem da arte como atividade curricular de manutenção dos valores sagrados da comunidade espelhada na pedagogia do Terreiro.

Num primeiro momento, não compreendi exatamente a profundidade e as implicações da proposta; aceitei o desafio confiando na minha aptidão criativa. Como educar, fundamentando-se na pedagogia do Terreiro? Este foi o desafio que assumi como diretora do projeto em implantação. Experiência pioneira e complexa de coordenação pedagógica a ser realizada no espaço consagrado e político de um Terreiro na Bahia.

O pioneirismo do projeto estabeleceu um leque de abertura com trocas importantes entre pesquisadores vindos de todas as partes do mundo, especialmente dos Estados Unidos, atraindo estudiosos de várias áreas como dançarinos, músicos, artistas plásticos, escultores, sociólogos, médicos, cientistas, comunicadores religiosos e antropólogos. Receber os mais diversos visitantes passou a fazer parte do programa.

Esses encontros abriram um espaço de reflexão sobre a cultura na diáspora africana pelas Américas. Conheci Sheila Walker, estudiosa dos fenômenos religiosos na Diáspora Africana nas Américas, que coordenava um grupo de pesquisadores afro-americanos. Ela se tornou uma valiosa interlocutora. Um dia, Sheila me perguntou: Quem de "dentro" escreve sobre a realidade nesta Terra de Orixás? Esta pergunta foi a gota d'água que faltava para transformar um desejo

---

11. "Mini Comunidade *Obá Biyi*", Ver em LUZ, Marco Aurélio. *Ancestralidade africana no Brasil*. Salvador: Secneb, 1997, p. 103.

oculto num desafio existencial. Assim, após dez anos de vivência[12] no Terreiro, já como alguém de dentro, comecei a valorizar dados que fundamentaram conferências, consubstanciaram-se em apoio à minha atuação profissional na área terapêutica, e no decorrer do tempo configuraram-se num projeto de livro intitulado *Caracol*.[13]

O tempo passou, foram duas décadas viajando nas águas sagradas do culto[14] aos Orixás. Neste período, conheci o mundo afroreligioso brasileiro a partir de uma realidade vivida.

Como estudiosa, debruço-me agora sobre o tema das *águas*, tendo o cuidado, como pede o ritual, de vestir-me de branco, bem como de tomar distância adequada do objeto de pesquisa.

O tema dessa dissertação é um estudo do ritual religioso: Ritual das águas de Oxalá, entendido como um processo que aprofunda a linguagem simbólica, nas suas diversas interfaces, linguagem que deita raízes numa experiência matriz.

Nesse trabalho a pessoa é o ser simbólico em articulação com o sagrado, nas suas várias formas de expressão ritual. Ele procura conciliar os estudos realizados sobre o tema e a observação participativa entre os anos 1980-1990.

---

12. O conteúdo desta palavra é tão rico que probabiliza matizar com aproximações que alcançam nuanças do método de pesquisa: "Por definição, vivência (percebida como símbolos estruturantes) é a incorporação de um acontecimento no processo existencial. (Nas palavras de Byington) Símbolo estruturante que engloba o subjetivo e o objetivo". BYINGTON, Carlos Amadeu B. *Ética e psicologia*. In: *Junguiana*. São Paulo: Pallas Athena, 1987, p. 104.
Aprofundando o pensar sobre o método, é mister informar que além de *participant observers* e *observing participants* a dança foi usada como parte importante da experiência como método. Daí a contribuição de Yvonne Daniel, antropóloga da dança ao teorizar o método como "Embodied knowledge". Ela argumenta: "In dancing, or the kinesthetic world, you rely on a simultaneous, multisensory experience that is once physical, cognitive, and emotional. It is, in fact, the consequence of learning that is not simply learning about something, but being able to support the subject risking your own beliefs based on physical/mental/emotional and often spiritual experience of dancing or in simpler terms, dancing as an investigative method emphasizes the pragmatic approach to knowledge". DANIEL, Yvonne Payne. *Embodied knowledge, within the sacred choreographies of the orishas*. Smithonian Institution. Washington, DC, 1991, p. 2.
13. Organizado em quatro capítulos, vem sendo elaborado lentamente.
14. Segundo Alfredo Bosi, "*Culto remete à memória dos deuses e dos antepassados que vencedores e vencidos comemoram*". BOSI, Alfredo. *Dialética da colonização*. São Paulo: Companhia das Letras, 1998, quarta capa do livro.

O ritual das águas de Oxalá é um mediador organizacional da totalidade cosmogônica. Muitos já escreveram sobre a Tradição dos Orixás na Bahia, porém poucos descreveram o ritual das águas,[15] entre eles: mestre Didi em *História de um terreiro nagô,* Pierre Verger em *Notas sobre o culto aos orixás e voduns* e Emílio Rodrigué em *Gigante pela própria natureza.*

A escolha pela festa de *Águas de Oxalá* se deve à riqueza cultural dos seus símbolos. Nosso estudo debruçou-se sobre o ritual buscando entender a dinâmica interativa entre a função renovadora e iniciática (rito de passagem) e suas conseqüências físicopsicoespirituais no jeito particular de ser da sociedade baiana, com sua gente que gosta de tomar banho de folhas, banhos de mar e se incensar.

O *Ritual das Águas de Oxalá* é o rito de renovação que constitui o ciclo de abertura do calendário[16] litúrgico. Realizar sua leitura é acolher o desafio de apresentar, numa linguagem acadêmica, uma experiência ritual documentada arqueologicamente, o que poderá ajudar o diálogo com as gerações mais novas. Busca-se compreender a simbologia de uma *festa* à cabeça (*Orí**).

Esse *ritual* é uma cerimônia de culto aos deuses africanos. É um rito que relembra e transmite valores espirituais mantidos por gerações e revela parte essencial da cosmogonia assimilada pelos afro-descendentes. "No Brasil, o ano ritual varia muito de uma Casa para outra, mas em todas as obrigações começam com as "Águas de Oxalá".[17]

---

15. Respectivamente ver em SANTOS, Deoscóredes (Mestre Didi). *História de um terreiro nagô.* São Paulo: Carthago Forte, 1994, pp. 54-9; VERGER, Pierre. *Notas sobre o culto aos orixás e voduns.* Trad. Carlos Eugenio de Moura, São Paulo: Edusp, 1998, pp. 428-33; RODRIGUÉ, Emílio. *Gigante pela própria natureza.* São Paulo: Escuta, 1991, pp. 218-25; LUZ, Marco Aurélio. "Do tronco ao Opá Exin". Salvador: Secneb. 1993, p. 81.

16. Além da listagem que demonstra a organização seqüencial das cerimônias religiosas, no dizer de Luz, um dos Obás do Terreiro, "*o calendário litúrgico explicita o ritmo da temporalidade comunitária e sua territorialização, a ocupação do espaço e tempos sociais em que os fiéis se reúnem para compartilhar sentimentos, emoções e paixões envoltas em ritual de visão de mundo comum*". Ver em LUZ, Marco Aurélio. "Alapini baba wa e o pensamento futuro". *Ancestralidade africana no Brasil.* Salvador: Secneb, 1997, p. 104.

17. ROCHA, Agenor Miranda. *Caminhos de Odu.* Rio de Janeiro: Pallas Editora, 1999, p. 26. Grifos da autora.

O Ritual das Águas de Oxalá é uma celebração de fundamento sacerdotal, um compromisso religioso fixado pelo calendário dos Terreiros mais antigos da Bahia.

É uma "festa" sagrada do *Egbé** (corpo de sacerdotes do Terreiro), em reverência ao Orixá da Criação. Trata-se da renovação de Orí, a grande cabeça, criando uma circularidade ritual[18] de purificação da cabeça de cada participante. Orí representa o código primordial de cada ser humano, o primeiro Orixá e ancestral individual de cada um que nasce na Terra, *aiyé*.*

No Ilê Axé Opô Afonjá, esse rito, na madrugada de sexta-feira, tem a particularidade de envolver a todos os participantes, que durante o ritual viram protagonistas de sua própria história, não deixando ninguém como espectador. Os presentes iniciam a participação ativa carregando água numa jarra de cerâmica (quartinha de barro) na cabeça para o Orixá mais antigo cultuado na Nigéria, nas Américas e no Axé.

Esse ritual dura 16 dias e se distribui em quatro tempos: da madrugada das *Águas* ao alvorecer de uma sexta-feira, seguida de três domingos. O primeiro domingo chamado *Domingo de Odudua*, o segundo, *dia do Alá* e o terceiro, *Domingo do Pilão* ou, como se fala no Terreiro, Domingo de Oxaguian.

A característica específica desse ciclo de obrigações é a presença da cor branca interagindo nas vestes dos participantes, nos elementos rituais e nas ordenações interiores. Dezesseis dias de branco é o traço que o diferencia dos demais ciclos. Esse ritual influencia direta e indiretamente na dieta alimentar, nas atitudes, nos hábitos e até nos sonhos de uma grande parte da população de Salvador.

O participante perfaz o ciclo em silêncio, que o predispõe a assimilar saberes mediados pelo ritual, daí a atenção a tudo: do corpo às atitudes e até aos procedimentos no agir. Segue, ainda, um jejum.

---

18. Na expressão de Sodré: "*É no conjunto de procedimentos cosmogônicos do grupo, portanto no rito (ao invés da meditação, com que os orientais pretendem abolir o ego e atingir a verdade cósmica), que o corpo encontra sua totalidade, tornando-se ao mesmo tempo sujeito e objeto. O rito não é nenhuma técnica externa ao corpo do indivíduo, mas o lugar próprio à sua plena expressão e expansão*". Ver em SODRÉ, Muniz. "Didi uma existência paradigma". *Ancestralidade africana no Brasil*. Salvador: Secneb, 1997, p. 203.

Este silêncio não é a ausência de som, mas a predisposição interior para o ato de escutar, a si e ao mundo, como se aprende no Terreiro. *"O silêncio é a mãe da fala."*[19]

A relevância desse ritual está em seu próprio fundamento processual que engloba todas as categorias de assistência em reverência a Orí. Oxalá, é bom lembrar, é pai dos vivos e dos mortos, espírito da essência primordial da criação. Nesta acepção, o ritual facilita o desenvolvimento da capacidade de adequar a qualidade de silêncio interior de cada participante interagindo no meio ambiente.[20]

> Com a mente ativa afinada e o coração comprometido. Porém, despojado, entregue à criatividade, inteiro de instinto e visão. Compassivo mas sem concessões; só, mas não isolado.[21]

No intuito de compreender mais profundamente o simbolismo do ritual e a força simbólica da festa, algumas questões se apresentam: De que maneira se erigiu o Terreiro como lugar sagrado? Como acontece o Tempo sagrado nesse espaço? Qual a natureza e dinâmica do ritual e como reflete na vida dos adeptos? Como o ritual reflete e influencia na sociedade? O que pode explicar o incremento da cor branca, presente nas vestes dos brasileiros (especialmente na cidade de Salvador) nos quatro últimos meses de cada ano?

HIPÓTESES E OBJETIVOS

Diante da necessidade de dar nome aos objetos, aos fatos e aos acontecimentos, os estudiosos da religião de Tradição dos Orixás têm entendido *As Águas de Oxalá* como *ritual* de renovação, purificação. Na pesquisa trabalhamos com duas hipóteses, ambas relacionadas com o *Ritual das Águas*. A primeira afirma que seu dinamismo interno possibilita compreendê-lo como um rito de passagem individual e coletivo. O *Ritual das Águas de Oxalá* é um rito de passagem.

---

19. SODRÉ, Muniz. *O terreiro e a cidade.* Petrópolis: Vozes, 1988, p. 14.
20. O que transparece na criação do clima de concretas possibilidades de diversas soluções.
21. RODRIGUÉ, Maria das Graças de Santana. A tolerância dos deuses é diabolicamente fascinante. In: *Último andar.* São Paulo: Educ, 1999, p. 88.

A pesquisa de campo tem demonstrado que esse *ritual* se apresenta como um autêntico mediador cultural, argumento fundador da segunda hipótese, ou seja, a de que o simbolismo do *Ritual das Águas de Oxalá* interage na vida da cidade. O ritual impregna-se à dimensão espiritual e social dos soteropolitanos.

Nas relações de Axé, o simples abraço (do físico ao simbólico) passa a ser um gesto sagrado que abre espaço para uma interação mais abrangente entre o indivíduo e a sociedade na qual ele vive.

A predominância do uso da cor branca nas primeiras sextas-feiras na sociedade baiana – fato social de maior relevância – observação que endossa a segunda hipótese do trabalho, tem sua origem na realidade dos Terreiros.

Entre os objetivos da pesquisa, ressalto o fato de ela contribuir com o Programa de Ciências da Religião ao iluminar um tema pouco pesquisado (*Ritual das Águas de Oxalá*). Oferecer também subsídios para os pesquisadores aprofundarem o conhecimento da religião dos Orixás. Perceber a força e a riqueza simbólica presentes no ritual, transmitir por escrito e registrá-la para as próximas gerações. E por fim apresentar as possíveis conseqüências do *Ritual das Águas* na sociedade.

REFERENCIAL TEÓRICO

Para fundamentar a estrutura e as funções do ritos buscamos uma referência teórica em Arnold van Gennep e em Victor Turner. Para o último, o processo do "Rito de Passagem", com seu arcabouço, é portador de uma estrutura diacrônica tripartida. Os ritos de passagem são os que acompanham toda mudança de lugar, status, posição social, idade e são marcados por três fases: separação, estado limiar e agregação.

O(a) noviço(a), como um(a) passageiro(a) que desce de um barco, pisa numa praia habitada por homens e mulheres sábios. Todo o seu ser traz as marcas da experiência vivida, o semblante iluminado e o corpo transpirando emoções.[22]

---

22. Alteração fisiológica provocada pelo toque da vitalidade do símbolo. Por isso ritual e não espetáculo.

O iniciado reconhece logo na chegada que está começando outra fase, a das novas relações espirituais. O quadro geral está alterado por imbricações simbólicas de outras grandezas. Ele(a) pertence, agora, ao *egbé* (corpo de iniciadores) e dele(a) espera-se que se comporte de acordo com certos costumes e padrões éticos ligados à sua posição social no sistema.

Os trabalhos de Sheila Walker foram de valia nos assuntos referentes à diáspora africana nas Américas. Para o estudo da cartografia do universo simbólico, valemo-nos de Mircea Eliade, historiador de religiões, e Ernst Cassirer. Para a compreensão do Terreiro como espaço sagrado, os estudos do professor Muniz Sodré e o trabalho, *A natureza do espaço,* do geógrafo Milton Santos, que examina os conceitos de paisagem e espaço, foram bastante proveitosos.

PROCEDIMENTOS METODOLÓGICOS

No trabalho procuramos identificar, relacionar, ordenar, interpretar os elementos simbólicos do *Ritual das Águas de Oxalá*. Pela leitura da cor específica usada nesse ritual (branca), dos gestos, da dança e da comida que compõem o banquete servido ao Orixá Oxalá, buscamos compreender a linguagem iconográfica do ritual nas suas diversas significações. Uma preocupação foi relembrar o ritual sem tirá-lo do seu contexto religioso.

O *Ritual* abarca desde a quinta-feira, véspera do dia das *Águas*, até a manhã do dia seguinte ao terceiro domingo. A dimensão temporal tem um peso específico diferente, ganha um novo significado. Não se contam as horas, o relógio desaparece, ninguém pergunta pelo tempo cronológico durante os rituais; não é preceito ou proibição, o Tempo apenas se esgaça.

É um Tempo ritual. Esse Tempo ritual é vivido, intuído como antigamente. Acompanha-se, espontaneamente, o nascer do Sol, o meio-dia, o pôr-do-sol, a meia-noite, o ritmo da natureza, da vida. A nossa análise referente à primeira hipótese se deteve especialmente no período que vai da tarde de quinta até a manhã de sexta-feira das *Águas*.

Na segunda hipótese, centramos o olhar na dança como atributo de oração.[23] Durante a cerimônia pública, a roda de iniciados, o corpo de religiosos ao dançar os mitos, as histórias sagradas, expressam um gesto coletivo, mas cada dançarino, nesta hora, dança também o universo particular do Orixá, individualmente.

A estrutura deste trabalho se apresenta em duas partes: a primeira envolve o *Espaço e tempo sagrados*. A segunda percorre o mundo interno do Terreiro intitulada *Oxalá o ritual e sua festa*.

---

23. Tema de investigação da autora em viagem de pesquisa. Profissional convidada pelo Smith College Department of Dance at Massachusetts, atendendo ao Projeto de investigação: "The Consequences of Cuban Music/Dance" e "Articulate Movement: Sacred Performances of Vodun, Santeria and Candomblé"; também como investigadora do movimento e do gesto – *A dança como forma de oração* e *Body expressions*: Parallels and Distinctions in Yoruba practices of Brazil and Cuba. Havana e Matanzas, Cuba, julho de 1998.

Em *Espaço e tempo sagrados*, remonta-se à história fundadora dos Terreiros e ao modo de constituição do corpo de religiosos iniciados nessa Tradição, à conservação dos valores religiosos no âmbito consagrado e à redistribuição de Axé. O Capítulo 1, "Arqueologia do terreiro", responde pela criação e organização do espaço social e interno dessas comunidades antigas. O Capítulo 2, "O Tempo sagrado dos orixás e do terreiro", apresenta a ambientação consagrada da Roça, tempo do mito do Ilê Axé Opô Afonjá, mediante histórias sagradas que fundamentam o *Ritual das Águas de Oxalá*.

A segunda parte, *Oxalá o ritual e sua festa*, se propõe a realizar um acompanhamento cuidadoso dos dias da "festa", desde a fase de preparação para o *Ritual*. Rito de renovação, uma festa à cabeça. Essa parte percorre o ciclo completo das *Águas,* em que todos os elementos consagrados ao ritual são, como se sabe, brancos e os participantes também se vestem dessa cor espiritual, desde a véspera, ao iniciar os ritos preparatórios. Silenciosamente se vence a madrugada, essencial acordando-se na manhã de sexta-feira em pleno ritual interno, rito de renovação, rito de passagem, tema do Capítulo 3. Três dias depois, desembarcaremos no primeiro *Domingo de Oxalá* para assistir ao ritual do *Xirê,* festa-ritual. No Capítulo 4, após cumprirmos *Os Três Domingos de Festa,* rituais públicos, saltaremos em terra firme para concluir a etapa que coroa a dissertação com uma apreciação do tema, *Ritual das Águas de Oxalá,* e seu transbordamento pela cidade de Salvador, derramando-se na cultura da Bahia.

Parte I

O mato sagrado

ESPAÇO E TEMPO SAGRADOS

A memória é a quinta operação da retórica: depois da "inventio" (encontrar o que dizer), a "dispositio" (colocar em ordem o que encontrou), a "elocutio" (acrescentar o ornamento pelas palavras e figuras), a "actio" (recitar o discurso como um ator, por gesto e pela dicção) e enfim a memória "memoriae mandare" (recorrer a memória).[1]

Olhar para trás antes de seguir adiante é o movimento original dessa primeira parte do nosso trabalho; viabiliza uma jornada à memória, levantamento de aspectos fundadores do universo religioso de Tradição dos Orixás que se inicia na década de 1830, nas terras brasileiras. São dois capítulos ilustrados com relatos e referências sobre a criação dos primeiros Terreiros na Bahia e a linguagem simbólica desses Sacrários.

O capítulo inicial, *"Arqueologia do terreiro"*, percorre a criação do espaço religioso, a história do nascimento do Ilê Axé Opô Afonjá. O segundo, *"O tempo sagrado dos orixás e do terreiro"*, apresentar-se-á mediante as histórias sagradas dos mitos que perfazem o simbolismo do ciclo litúrgico do *Ritual das Águas de Oxalá*.

Em expedição, seguimos um ressoar de vozes e escritos, tomamos o caminho já constatado como trilha mais viável, na fundadora *Igreja da Barroquinha*, para chegar à época que marcou a presença do universo sacro dos Orixás. Havia rumores de que a prática

---

1. Le Goff *apud* BEAINI, Thais Curi. *Máscaras do tempo*. Petrópolis: Vozes, 1995, p. 354.

religiosa começara muito antes, porém dizia-se que o espaço Terreiro-Templo em comunidade oficializou-se na Bahia na década de 1830.

Para passar da igreja ao Terreiro foi necessário percorrer um túnel do silêncio. Para quem não esteve lá, significou dar um salto no vazio e atravessar um labirinto oco, silencioso.

Prosseguindo essa via de acesso pela *Irmandade de Nossa Senhora da Boa Morte,* recorremos às constatações reveladoras da oralidade na origem da religião da Tradição dos Orixás: a língua ioruba esteve presente falada e cantada em versos consagrando os rituais, presente nos nomes sacerdotais recebidos durante a iniciação. Os cargos religiosos, os cantos, os elementos simbólicos fundadores da cosmogonia iorubana, os Orixás, foram constituintes do fundamento da comunicação com *Orí.*

> Cantar é chamar um ente por seu verdadeiro nome, atingir o âmbito vital da designação, penetrando-lhe a identidade ou medida simbólica. O símbolo, proveniente do canto, é a base para nomear, posto que revestido pelo Sagrado, o abriga e fixa para que este não retire a proteção que concede aos mortais.[2]

Esse conjunto de dados factuais que deram sentido de organização ao espaço consagrado forma o documento arqueológico mediante a história de 146 anos de redistribuição de Axé, ritual de renovação, mortes, nascimentos, *Xirê,* dissidências e sucessões das ialaxés nas três primeiras Comunidades-Templo de Tradição nagô e implementação da linguagem simbólica, dos mitos consubstanciais do Tempo sagrado.

A *"Arqueologia do terreiro"* procura descrever a criação, o perfil hierárquico da comunidade de Axé acompanhando as sucessivas Ialorixás, e a natureza desse *espaço,* levando em conta a linguagem oral, o desfecho da linguagem iniciática (simbólica) e seu aterrissar numa atmosfera consagrada aos ritos de passagem. Percebe-se que essa Tradição na América do Sul tem um pé na confraria e constata-se que sua origem teológica tem um pé na África-Iorubana, apresentada pelos Terreiros Tradicionais da nação de Ketu. "Esse herdar

---

2. BEAINI, Thais Curi, op. cit., p. 50.

é, ao mesmo tempo, receber a herança e fazer frutificar".[3] O material recolhido revela um legado multifacetado numa história de assentos (cadeiras), tronos, mitos (histórias sagradas) que consagram o banco de origem, o *àpéré*, como lugar sagrado de criação. Assim está preparado o cenário afro-religioso, considerando que:

> O que cada geração produziu no campo da ciência e do espírito é uma herança para a qual todo mundo anterior contribuiu com sua economia, é um santuário em cujas paredes os homens de todas as estirpes, gratos, felizes afixaram tudo o que os auxiliou na vida, o que eles hauriram das profundezas da natureza e do espírito.[4]

Os afro-religiosos convivem com o enigma do mistério que cada ser traz consigo, dinamizam e veiculam o Axé. Reconhecem-se protegidos pela atmosfera solar e lunar (de dia e de noite), sob a cobertura do Alá de Oxalá.

Em 1910, entramos no *"Espaço* e *tempo sagrados* do terreiro", e a partir deste movimento passamos para o Capítulo 2, constituído pela mitologia do Orixá Oxalá, a pluridimensionalidade mítica da Casa funfun e pela expressão da linguagem simbólica na cozinha de Axé.

> Um símbolo só existe em função de uma determinada pessoa ou de uma coletividade cujos membros se identifiquem de modo tal que constituam um único centro (casa). Todo o universo articula-se em torno desse núcleo. Esta é a razão pela qual os símbolos mais sagrados para uns são apenas objetos profanos para outros: o que revela a profunda diversidade de suas concepções.[5]

Nessa etapa arqueológica nossa expedição recorreu às lentes da Tradição afro-iorubana e calçou os sapatos dos antigos pesquisadores. Percorreram-se dados escritos que serviram de guias, intermediados com vivências e informações de antigos sacerdotes.

---

3. ABBAGNANO, Nicola. *Dicionário de filosofia.* 2ª ed. Trad. Alfredo Bosi. São Paulo: Martins Fontes, 1998, p. 967.
4. ABBAGNANO, Nicola, op. cit., p. 967.
5. CHEVALIER, Jean & GHEERBRANT, Alain. *Dicionário de símbolos.* Rio de Janeiro: José Olympio. 1998, p. xxv.

Atribuiu-se valor especial à linguagem oral, com os relatos míticos, histórias sagradas de Orixás, aos símbolos e suas andanças pelos ambientes consagrados à transformação, que contextualizam o Tempo mítico do Terreiro-Templo, campo de nossa pesquisa.

O Ilê Axé Opô Afonjá, antigo Terreiro-Templo, é uma comunidade religiosa que congrega um corpo de saberes, sacerdotes, sacerdotisas, iniciados nos mistérios da religião dos Orixás na Bahia. Ela reúne uma elite cultural que ao atualizar o saber e sua expressão possibilita o culto, que se objetiva na redistribuição do Axé.

A redistribuição do Axé já estendeu suas fronteiras aos afronorte-americanos aos argentinos, uruguaios, paraguaios, portugueses, espanhóis, a negros ou não. Para *Orí*, não importa, são filhos de uma descendência histórica. Ao se "viver" a experiência da incorporação com Orixá, dá-se a integração numa comunidade ampla e diversificada composta pelos descendentes da diáspora africana nas Américas.

Quando sonham com as águas, todos associam ao Orixá Oxum, escutam o oráculo usando os búzios consagrados como elemento ritual de comunicação, cumprimentam Orunmilá, reconhecem o poder das folhas, oferecem flores para Iemanjá, reverenciam aos ancestrais e dançam com Orixás.

> Onde houver um rio, um lago; onde o fogo arder e ouvir-se o rufar de um tambor, lá está o Orixá. E também onde o vento bailar e folhas e frutos florescerem lá estará o Orixá. Onde houver vida e transformação lá estão os Orixás.[6]

Essa gente dança os mitos que sustentam a comunicação com os antepassados e com os deuses em rituais, e pode dormir em "obrigação" na Casa de Oxalá. Sabe escutar a percussão dos atabaques com o corpo inteiro, assimila mensagens durante a dança, "impulsionada pelo sagrado, ousando seguir o curso do Tempo".

Atabaques são tambores consagrados à musicalidade ritual dos Terreiros. Eles se alimentam de toques e são consagrados com *edjé* (sangue). No Brasil são feitos de madeira e encorados com pele de

---

6. Parte da palestra proferida pela Ialorixá do Ilê Axé Opô Afonjá, Iá Stella de Oxossi, durante a II Conferência Mundial da Tradição Orixá e Cultura, realizada em Salvador, 1983.

animais sacrificados durante os rituais; eles têm corpo, espírito e nome: Rum, Rumpi e Lé.

> E, como o tambor é preponderante entre os outros materiais sonoros, outorgam-se aos deuses ou espíritos ancestrais que nele habitam presentes: pele (membrana que se renova), o sangue (fonte de vida, que nutre e purifica reforçado, em certas ocasiões cerimoniais). [...] Ecoa no círculo sagrado.[7]

Atabaques que, ao serem tocados, cantam com os vivos, falam com os mortos e dialogam entre si e com os Orixás. São reverenciados por se constituírem de corpo e espírito, capazes de seguir as entranhas, repercutir no centro dos ossos que formam o arcabouço e possibilitam o diálogo com *Orí*.

Orí simboliza o princípio, a natureza original que ao se fazer presente biológica e espiritualmente no ser humano o individualiza, revelando sua riqueza e seu mistério particular. Permite a ele viver a relação interativa com o Axé do pai, mãe, ancestrais (antepassados) e Orixás (forças cósmicas), entidades divinas.

---

7. BEAINI, Thais Curi, op. cit., p. 190.

1 ARQUEOLOGIA DO TERREIRO

Refazer a memória de um dos momentos fundantes de nossa história possibilita-nos aprofundar a compreensão de nossa identidade e experiência religiosa.[1]

TRADIÇÃO E CULTURA AFRICANAS NO BRASIL

A tradição e cultura africanas no Brasil é uma rama dos tempos áureos do continente africano religioso. Cresceu e floresceu desde a primeira metade do século XX.

A Tradição faz e vive a História, desfronteiriza-se na época da diáspora africana pelas Américas, viaja além de suas próprias águas, deixa a África e com estilo próprio assenta-se e funde-se com o novo mundo.

No Brasil, brota uma nova cultura recriada com o caráter espiritual que descende do antigo continente e, num salto trágico, se enraíza noutros solos e ancora aqui, na terra das palmeiras. "Quando se fala do Brasil" – na opinião do prof. Cândido Mendes – "não se deve apenas ver essa velha origem de latinidade ainda ligada à América Latina. Há que atentar para o fato de que a segunda cidade africana do mundo encontra-se deste lado do Atlântico, mais precisamente em Salvador."[2] Na Bahia vinga uma história com a sobriedade de sacrifício, cresce a religião de *Orí*,

---

1. BRITO, Ênio José da Costa. *Anima Brasilis*. São Paulo: Olho D'Água, 2000, p. 77.
2. MENDES, Cândido. *Edição de Cadernos Cândido Mendes*. Rio de Janeiro: Centro de Estudos Afro-Asiáticos do Conjunto Universitário Cândido Mendes, n⁰ˢ 6 e 7, 1982, p. 12.

numa terra ainda virgem. História que renova sua origem e renasce em forma de Culto *Lesse* Orixá. No decorrer do tempo se estabelece como religião, e, na época, ganha o que no início era apenas um apelido: Candomblé.[3] A religião dos Orixás é preservada nos Terreiros, espécie de porta-jóias consagrado à cultura afro-brasileira que por intermédio da Tradição soube preservar suas riquezas.

Começamos a compreender hoje algo que no século XIX não podíamos nem mesmo pressentir: que o símbolo, o mito, a imagem pertencem à substância da vida espiritual, que podemos camuflá-los, mutilá-los, degradá-los, mas que jamais poderemos extirpá-los.[4]

Essa religião é fundamentada nos princípios vitais, engastados no sangue, na fé e na literatura oral preservada pelos iorubas,[5] povo que vive no sudoeste da Nigéria. Eles são originários do oeste da África, da República Popular do Benin. A civilização nagô desenvolveu uma arte que contribuiu para uma expressão cultural que lhes outorgou a fama, particularizada na verbalização do pensamento e nas artes plásticas. Essa Tradição é regida pela literatura oral codificada, configurada na linguagem sagrada dos poemas de Ifá.

---

3. *"Nunca há de se esquecer que o candomblé é religião e não folclore!"* RODRIGUÉ, Emílio. *Gigante pela própria natureza.* São Paulo: Escuta, 1991, p. 240. Para Rogelio Furé, desde a realidade de Cuba: *"El folklore es lo opuesto a lo oficial, a lo libresco o institucionalizado. Es producto de las experiencias socioeconómicas e históricas de toda la comunidad. El folklore es del pueblo y para lo pueblo. Es anónimo, empírico, colectivo y funcional. Y en cuanto a la utilización de las manifestaciones folklóricas como proyecciones con finalidad artística, didáctica y cultural?"* Ver FURÉ, Rogelio Martinez. *Diálogos imaginários.* Havana: Editorial Arte y Literatura, 1979, p. 256.

4. ELIADE, Mircea. *Imagens e símbolos.* São Paulo: Martins Fontes, 1996, p. 7.

5. Os iorubanos atingiram o ponto alto da sua cultura – conforme Ajuwon – com a criação de algumas das obras-primas mundiais em escultura, como os bronzes e as terracotas de Ifé. Produziram e elaboraram também o Corpo Literário de Ifá, o texto sagrado oracular do povo *Ewe*, dos *Fons*, dos iorubanos e seus descendentes do novo mundo. Esse texto guia as importantes consultas sobre a preservação da vida, saúde, prosperidade e evolução. Cf. AJUWON, Bade. *Funeral dirges of Yoruba hunters.* Lagos: Nok Publishers Nigéria Ltd., 1982, p. vii.

Ifá é um sistema Oracular que tem como patrono mitológico o deus da sabedoria, Orunmilá (Ifá)[6], e a deusa do amor, *Olokun*. O corpo de ensinamentos de Ifá, onde se concentra muito da Tradição iorubana,[7] argumenta que a luz é filha da escuridão e esta descendente da luz. E mais, que tudo o que existe na natureza é uma expressão de Axé. O Axé, esta força invisível que sustenta a criação, dinamiza a essência das forças contrárias em prol da renovação. A manifestação do invisível é o Axé que cria a luz que provém de uma total escuridão. Escuridão esta que propicia o ato de criação. A unidade dinâmica aqui se estabelece a partir dos princípios de expansão e procriação. Masculino, feminino e o procriado, mediante uma afinidade entre a luz e a escuridão.

Além do corpo literário de Ifá existem as obras complementares que expressam diferentes formas de arte verbal de raiz africana, como a mitologia, os cantos *Ijàlá, Ìremojé* (respectivamente, cantos de saudação à vida e à morte), as rezas (*Orin*), as expressões idiomáticas, os provérbios tradicionais, as histórias em forma de *Orikís* e as saudações (*Ibá*) aos Orixás. É uma literatura que irmana o universo africano na diáspora e caracteriza a religião de descendência africana no Brasil. Religião essa de culto aos orixás. A Sabedoria de Ifá[8] manteve a continuidade cultural, preservada

---

6. Essa divindade também é chamada de *Fá*. "*A palavra Fá deriva do frescor da água e do ar. Fá é a frescura da água. 'Fá tem muitos títulos', entre eles: 'busca e vê', 'o buraco que nos chama para eternidade'. O outro lado de Fá é sua esposa Gba'adu e representa o mais alto conhecimento possível que um Homem pode alcançar sobre si mesmo. Gba'adu é o segredo atrás de Fá. Dizem que Gba'adu consiste em duas cabaças, sobrepostas. Essa é a imagem do mito da criação. [...] Fá é o pai do oráculo, é cultuado por diferentes tribos* [linhagens]: *os mina, os fon, os yorubá. Estas populações têm uma religião politeísta.*" Ver FRANZ, Marie-Louise Von. *Adivinhação e sincronicidade*. São Paulo: Cultrix, 1993, p. 134. Ver "Igbádù, Mulher de Orunmilá" In: VERGER, Pierre Fatumbi. *Artigos. Tomo I.* São Paulo: Corrupio, 1992, p. 29.

7. As palavras em ioruba são grafadas de modos diversos, mesmo sendo pronunciadas de maneira semelhante. Nossa grafia segue de perto os que estão próximos da grafia iorubana, por exemplo, Abimbola.

8. "*No Brasil a tradição oracular se baseia mais no sistema erindinlogun (que também possui um corpus literário; são os itans ou contos) ou popularmente conhecido por jogo de búzios, que em algumas ocasiões rituais adquire uma forma simplificada quando é usado o orobô ou o obi e mesmo outras qualidades de frutas.*" Ver em LUZ, Marco Aurélio. "Alapini Baba wa e o pensa-

como filosofia de culto aos deuses africanos da Tradição dos Orixás na Bahia.

O nascimento oficial da Religião de Tradição dos Orixás e Cultura na Bahia, a partir do "escudo protetor"[9] da Irmandade, sem dúvida tem um pé na confraria da *Irmandade de Nossa Senhora da Boa Morte*. Na época, o *Egbé* feminino africano freqüentava a igreja congregando-se entre as senhoras devotas[10] que pertenciam à Irmandade.

Em 1830, após anos de encontros e desencontros, na Igreja da Barroquinha, entre homens ligados à sociedade secreta de culto aos ancestrais e mulheres africanas integrantes da *Irmandade*[11] *de Nossa Senhora da Boa Morte*, nasceu a idéia de fundar o Ilê Axé *Airá Intile*, primeiro Terreiro[12] de uma linhagem de Axé de origem africana gerado na Bahia.

Quando, na década de 1830, caía o Antigo Império de *Oyó*, capital política do antigo Império Ioruba na Nigéria, outro império renascia em Salvador constituindo uma microÁfrica, recriada na primeira capital do Império Português no Brasil. "Não existe fato religioso puro, fora da História, fora do tempo".[13] O século XIX para o continente africano, a Nigéria em particular, foi uma lástima, marcado pela queda do velho Império de *Oyó*, dissolução das famílias e destruição dos reinos. As conseqüências foram irreparáveis em todos os níveis, com o declínio na Tradição da arte verbal e desaparecimento da expressão artística e plástica do povo iorubano. Observa-se que condicionamentos geográficos influenciam na vida espiritual humana mas não a condicionam totalmente. Na feliz ex-

---

mento futuro". *Ancestralidade Africana no Brasil*. Salvador: Secneb, 1997, p. 100.

9. Cf. Luz, *Osi-Oju-Obá* (membro do corpo de Obás do Ilê Axé Opô Afonjá). Ver LUZ, Marco Aurélio. *Do tronco ao Opá Exin*. Salvador: Secneb, 1993, p. 14.

10. Cf. LUZ, Marco Aurélio. *Do tronco ao Opá Exin*. Salvador: Secneb, 1993, p. 60.

11. As Irmandades proporcionaram um espaço social necessário à coesão do negro – conforme Luz – para formar correntes de libertação e reestruturar seus valores. Ver LUZ, Marco Aurélio. *Do tronco ao Opá Exin*. Salvador: Secneb, 1993, p. 14.

12. O Terreiro é filho da concórdia entre os participantes de uma Tradição, concórdia baseada no acolhimento da diversidade de saberes e realizações.

13. ELIADE, Mircea. *Imagem e símbolos*. São Paulo: Martins Fontes, 1996, p. 27.

pressão de Eliade: *"Um fato espiritual pressupõe um ser humano integral ou seja, a entidade fisiológica, o homem social, o homem econômico e assim por diante. Todavia todos esses condicionamentos não conseguem esgotar, por si sós, a vida espiritual".*[14]

À nobreza do sentimento matricial das iabás[15] reunidas, no começo do século XIX, deve-se associar a capacidade, conhecimento e coragem[16] de três Senhoras africanas que

> experimentavam a liberdade incompleta sem o exercício livre das suas convicções religiosas. Vinculadas à elite negra baiana da Irmandade da Barroquinha essas sacerdotisas, personalidades de alta hierarquia na religião tradicional nagô-yorubá, fundaram o Terreiro Iá Omi Axé Airá Intile, que ficou conhecido como Ilé Iá Nasso.[17]

Elas não só instituíram o culto como o confirmaram com o oráculo e, ainda, plantaram o Axé de Xangô da nação[18] de Ketu na Bahia.

Iyá Adetá, Iyakalá, Iyá Nasso – que já se tornaram mito – conseguiram plantar o Axé no Brasil, graças à competência religiosa, confiança na sua função e proteção dos Orixás. Aliando a fé e o hábito de acreditar na força individual dos seus *Orís*, elas trabalharam em conjunto para cultivar o Axé no Brasil. Eram as princesas assessoradas pelos demais membros da nobreza negra, senhores e

---

14. ELIADE, Mircea, op. cit., p. 28.

15. Mães ancestrais, todos os orixás femininos, *grandes possuidoras e transmissoras de axé, o poder das Iyás representa a continuidade de toda a existência.* Ver SANTOS, Juana Elbein. Mãe Senhora, saudade e memória. Salvador: Corrupio, 2000, p. 43.

16. Aplica-se a *coragem criativa* como *a descoberta de novas formas, novos símbolos, novos padrões segundo os quais uma nova sociedade pode ser construída.* MAY, Rollo. *A coragem de criar.* Trad. Aulyde Soares Rodrigues. Rio de Janeiro: Nova Fronteira, 1982, p. 19.

17. Indicamos o artigo do professor Jaime Sodré, abaixo referenciado, para maiores informações sobre a história dos contratempos políticos e sociais da época ao tratar a questão da religiosidade africana na Bahia. SODRÉ, Jaime. Ialorixá, o poder singular feminino. In: *Faraimará. O caçador traz alegria.* 1999, p. 250.

18. *"Nação pura não existe"* – palavras textuais de Mãe Stella – As diferentes nações entraram no chamado processo de assimilação: Oxumaré com Bessen, Iroco com Loko e Tempo.

senhoras conhecedores dos mistérios, detentores da sabedoria de Ifá e da medicina tradicional. Entre eles, encontravam-se sacerdotes, *Oluwos*, poetas, membros da Sociedade Secreta de Ogboni e da Sociedade Secreta de Culto aos Ancestrais. Todos unidos por um objetivo comum conseguiram organizar, na época, a seqüência litúrgica do Culto *Lesse* Orixá,[19] num país banhado pelo sangue dos seus ancestrais e resplandecido com o encantamento da paisagem tropical, onde *Iroco,* o Orixá da hemoglobina, acalora-se com o culto de sua gente.

Iyá Nasso trouxe seu poder de síntese, arquigravado na história do significado do seu próprio nome em forma de *Oriki,* que anunciava sua competência para a função e um breve histórico do seu antigo cargo religioso – "*Iyá Nasso Oyó Akalá Magbo Olodumaré*, Iá Nasso de Oyó, venerável pássaro Akalá da entidade suprema Olodumaré"[20] – a principal sacerdotisa do culto a Xangô no Palácio de *Oyó*. Alto título no Palácio do *Alafin*, Reinado de *Oyó*, capital política do antigo Império Ioruba. Seu *Oriki* lhe autorizava exercer a função de Ialorixá, distribuidora de Axé e cultuadora de *Ojubós*. *Iyá Nasso Oyó AKalá Magbo Olodumaré*, ancestral afro-descendente por família de raiz de Axé.

A comunidade-terreiro Ilé-Iya-Nasso foi o primeiro culto público conhecido de Xangô na Bahia. Transferido para o Engenho Velho, onde existe até hoje, dele derivaram o Ilé Oxóssi, conhecido como Gantois, e o Axé Opô Afonjá, em São Gonçalo do Retiro, onde, durante muitos anos, Mãe Senhora expandiu a tradição de seus ilustres antepassados.[21]

---

19. "*De acordo com a tradição, o culto aos ancestres e o culto aos Orixás se caracterizam como diferentes, 'o to egun, o to orixá', porém são complementares. Ambos são de grande relevância, valor e dignos de imenso respeito. Sem os ancestres, a humanidade, as gerações de hoje e de amanhã não existiriam, e é a humanidade, em sua relação dinâmica de restituição de axé, com os ancestrais e os orixás, que garantem a harmonia e a expansão do mundo conforme as normas da tradição.*" Ver LUZ, Marco Aurélio. *Do tronco ao Opá Exin.* Salvador: Secneb, 1993, p. 78.
20. SANTOS, Juana Elbein. Mãe Senhora lembranças e reflexões. In: *Mãe Senhora, saudade e memória.* Salvador: Corrupio, 2000, p. 44.
21. SANTOS, Juana Elbein. op. cit., p. 45.

O *llé Omi Àsé Airá Intile*, hoje conhecido como *Casa Branca* ou Engenho Velho, é o Terreiro matriz da linhagem do Ilê Axé Opô Afonjá. Ele foi criado com desafio e sagacidade para conduzir a transmissão dos saberes e redistribuição do Axé; fazer religião, sabedoria fundamentada pelo universo litúrgico do Culto a *Orí*. O Terreiro de Culto *Lesse* Orixá surge como uma nascente consagrada aos reinos da natureza, um lugar sagrado que se associa à fonte de origem.

Iyá Nassô, em 1884, na rua dos Capitães, onde morava com o velho *Bambosé Obitikô*, Rodolfo Martins de Andrade, um amigo contemporâneo vindo da África a convite de Iá Obá *Tossi Asipá*, juntos, iniciaram Eugênia Ana dos Santos[22] nos mistérios da Tradição de Culto *Lesse* Orixá. Nasce a "filha" de Xangô – *Omo* Obá *Biyí* –, que ao cumprir os sete anos de obrigações, seu tempo de Iaô, seguiu seu espírito de rainha, refinando os passos do seu caminho de *Iyalasé*.

Por ocasião da morte de Iá *Nasso*, a fundadora e primeira *Ialaxé* do *llé Omi Àsé Airá Intile* (*a Casa Branca do Engenho Velho*), o Terreiro "passou para as mãos" de sua sucessora imediata, a *Iyalorixá* Obá *Tossi*, Oni – Xangô, sra. Marcelina da Silva Asipá.

Em 1895 morre Iá Obá *Tossi*[23] deixando um trono que passa a ser disputado por Maria Júlia da Conceição e Maria Júlia Figueredo. Finalmente, sua filha Maria Júlia Figueredo, que já ocupava o cargo de Iá *Kekeré* ocupa cadeira de Iá. A *Ialaxé Omonike*,[24] Maria

---

22. Eugênia Ana dos Santos, que veio a ser a fundadora e *Iyálasé* do *Ilé Àsé `Opó Àfonjá*.

23. "*Um longo poema, composto de uma série de cantigas, celebra, nas comunidades, uma das primeiras iyalaxés do mais antigo Terreiro da Bahia: Marcelina da Silva, Obá Tossi, sacerdotisa de Xangô [estruturador social e político], filha da lendária Iyaluso Odanadana, da tradicional linhagem dos Asipá. [...] Em grandes ocasiões e em determinados ciclos rituais são invocadas as Iya fundadoras. Em cerimônias plenas de emoção, a comunidade ajoelhada, em sinal de homenagem e profundo respeito, eleva sua voz e invoca as Iya-agbá, seus feitos, sua infinitude.*" Ver SANTOS, Juana Elbein. In: Mãe Senhora, saudade e memória, op. cit., pp. 45-6.

24. *Iyá* Omoniké (Maria Júlia Figueredo), ao encerrar seu odú, teve como sucessora imediata a sra. Ursulina de Figueiredo (Mãe Sussu) que ocupa o trono. Inesperadamente morre Mãe Sussu, fato que abre tempos de divergências em torno do poder, criado por suas filhas. Por esses motivos, considerados superiores, a sra. Maximiana Maria da Conceição (Massí) assumiu o cargo

Júlia Figueredo, também acumulou o cargo (*Oiyé*) de liderança entre as mulheres – chefe suprema do Culto *Gélèdé,** Culto de devoção às *Iyami* (Mães ancestrais).

A sra. Maria Júlia da Conceição afasta-se da "Casa Branca" e funda outro *Ilé Àsé*, na companhia das demais dissidentes da época. Da força de raiz do Axé de Ketu e dessa dissensão emergem duas casas ramas, que constituem os Terreiros tradicionais da nação de Ketu: O *Ilé Iá Omin Àsé Iyámasse* (Gantois) e Ilê Axé Opô Afonjá, ambos descendentes da mesma matriz geradora: O *Ilé Àsé Airá Intile* (Casa Branca).

Nessa mesma ocasião, Eugênia Ana dos Santos – filha de Axé da "Casa Branca" – ao lado de Joaquim Vieira da Silva, Obá *Sanya*, afasta-se também, não concordando com a sucessão assumida por Maria Júlia Figueiredo. Época em que ela na companhia de Joaquim (Obá *Sanya*) e Rodolfo Martins de Andrade (*Bamgbosé Obitiko*) partem para o Rio de Janeiro[25] e fundam uma Casa de Orixá no bairro da Saúde. Mais tarde retornam à Bahia e fundam o Ilê Axé Opô Afonjá na cidade de Salvador.

Terreiros tradicionais da nação de Ketu

Terreiro do Gantois

Nasce o *Ilé Iyá Omin Àsé Iyamasse,* conhecido como "Terreiro do Gantois",[26] fundado pela sra. Júlia Maria da Conceição. Mais tarde teve como sucessora a ilustre Ialorixá Pulquéria que após sua morte deixou o trono para sua sobrinha consangüínea, a sra. Escolástica Maria da Conceição Nazaré, *Iyalorixá nilé Iá Omin Asé Iya-*

---

de Iyalorixá até 1962. Depois a sra. Maria Deolinda (*Iá Oké*), seguida da sra. Marieta Vitória Cardoso (*Iá Osun Niké*) até 1985. Atualmente, dirige a redistribuição do Axé, no Trono Sacerdotal do *Ilé Iyá Nasso Oká*, a Ialorixá, sra. Altamira Cecília dos Santos (Mãe Tatá), filha consangüínea de *Iyá Oké*, acompanhada das Iás Kekerés da Casa (sra. Juliana da Silva Baraúna e sra. Areonite da Conceição Chagas) e seu *Egbé*.

25. ROCHA, Agenor Miranda. *Os caminhos do Odu*. Rio de Janeiro: Pallas, 1999, p. 17.

26. LUZ, Marco Aurélio, op. cit., p. 77.

masse (Menininha do Gantois), que "assumiu a direção do Terreiro com 28 anos de idade, e durante sua gestão atravessou um período de feroz repressão policial à religião da tradição dos Orixás".[27]

Exemplo brilhante de mulher religiosa, na sua prática lutou pela afirmação e legitimação de seus valores próprios. "Um exemplo de pessoa, um exemplo de mãe."[28] Quando se fala em Gantois, até os que não a conheceram recordam da Ialorixá, filha do Orixá das águas doces, Oxum.

Duas grandes sacerdotisas, filhas de Oxun, deram extraordinário brilho e irradiaram os valores da tradição civilizatória negro-africana no Brasil: foram elas Maria Bibiana do Espírito Santo, Oxun Muiwa (Iyalorisá nile Àsé Òpó Àfonjá, Assipá Iá Nassô) e Escolástica Maria da Conceição Nazaré (Iyalorisá nile Iya Omi Àsé Iyamasse). Mãe Senhora e Mãe Menininha, respectivamente.[29]

Esta sabedoria e religiosidade se fazem presentes nesta passagem de uma entrevista dada por ela, quando lhe foi perguntado:

"Mãe Menininha, como é mesmo essa religião de culto a vários Deuses?" Diplomaticamente ela responde:

Não existem dois deuses. Ele é um só, é o mesmo para todo o mundo. Para mim, Oxalá é o maior, e depois vêm os meus santos (Orixá). A diferença dos diversos deuses é como a do candomblé para o catolicismo: é só no nome. É como a juventude atual e a do meu tempo: só variam na roupa.

Essa roupagem da qual fala a *Iyá* Menininha são os adereços da linguagem individual ou coletiva, carregada de uma cultura própria. Os acessórios simbólicos dessa roupagem são as interpretações, as quais marcam um estilo e identificam a expressão própria de cada nação ao falar com Deus. A *Iyá* expressava o ponto de vista de sua origem, do seu próprio e primeiro orixá, ela estava fa-

---

27. LUZ, Marco Aurélio, op. cit., p. 80.
28. Idem, ibidem.
29. LUZ, Marco Aurélio, op. cit., p. 79.

lando a partir de *Orí*. Daquele que por si próprio não é manifestável, porém se revela mediante as relações sociais na clivagem de orixá. E, assim sendo, nesta ordem o antigo é Oxalá. O espírito, *Orí* ainda na condição anterior à de nascer. Orixalá, Obatalá, Obanilá, Oxalá, *Ossá*.

No Ilé Iyá Omin Asé Iyámasse, (Gantois), após a morte de Mãe Menininha, ocupou a cadeira principal, como sua sucessora, sua filha consangüínea, Iá Creuza. Na gestão da nova *Iya*, no dia 15 de agosto de 1993, ao se completar sete anos de morte o *Ilé Iyá Omin Asé Iyámasse* realiza a cerimônia de "passagem" de Mãe Menininha, e durante sete dias se cantou o axexê. O *Egbé* da casa reuniu os filhos de axé e receberam os convidados de outros Terreiros, entre eles o Ilê Axé Opô Afonjá representado pela Iá *Ode Kayodé* e comitiva, para entoarem os *Ìremojés*, em honra à rainha ausente. Às 8 horas da noite a cerimônia se faz pública. Axexê no *Gantois*.

A cadeira principal do Gantois, atualmente, é ocupada pela jovem Iá Mônica Millet, filha consangüínea de Iá Creuza, a qual faleceu no início de 1999.

Ilê Axé Opô Afonjá

Em 13 de julho de 1869 nascia a fundadora do Ilê Axé Opô Afonjá, Eugênia Ana dos Santos, soteropolitana do bairro Santo Antônio Além do Carmo, filha legítima de *Aniyó* e *Azambrió,* ambos africanos de origem. Em 29 de junho de 1884, ela é iniciada na Tradição dos Orixás, como "filha" mítica de Xangô Ogodô e Afonjá na nação de Ketu.

Eugênia Ana dos Santos, com sua identidade acrescida de um nome iniciático de origem iorubana – *Omo* Obá *Biyí*, O rei, nasceu aqui e agora –, era uma Ialaxé que nascia na Bahia e confirmava sua descendência de pais africanos de linhagem Grunci. Ela, Obá *Biyí*, aprimora seus estudos religiosos com seus tios e mais tarde é convidada para participar do corpo religioso de sacerdotes da "Casa Branca". Ali na companhia do seu Babalaô Rodolfo Martins de Andrade, o respeitado Bamboxé *Obitikô,* e Joaquim Vieira realizam a iniciação de Paula de Oxum.

Iá Obá *Biyí*, após percorrer um precioso tempo entre Terreiros – incluindo o "Camarão" onde funcionava o Terreiro do Obá *Saniá* Joaquim Vieira, amigo inseparável do Velho Bamboxé – com 23 fi-

48

lhas(os) de Axé iniciadas(os), compra a *Roça* do São Gonçalo no bairro do Cabula, convida os amigos e organiza o banquete aos orixás. Banquete fundador para plantar o Axé de Xangô.

Em 1907, morre o sr. Rodolfo Martins e sua função é assumida pelo sr. José Teodoro Pimentel, com o cargo de *Bale* de Xangô. Este, com seu aguçado senso comunitário, realizou uma importante jornada na organização dos fundamentos do Ilê Axé Opô Afonjá.

Iá Obá *Biyí* envolve-se definitivamente com o *trabalho* de artefinal do seu *odu*, caminho existencial de *Iyalasé*. Constrói seu caminho sacerdotal com a categoria que dá sentido à sua vocação e à sua vida. De posse do espaço rural, consagra-o e institui o Terreiro no qual, naturalmente, assume a cadeira de *Iyalasé*[30] e administra com empenho e sabedoria o *àsé agbá* do Tradicional Axé de Ketu.

Em 1910 abre as portas do *Ilé Orixá* e faz tocar os atabaques sagrados, pondo em funcionamento o conjunto de expressões religiosas que ressignificam o Axé de linhagem nagô, mediante o fazer histórico plantado no nome da nova Casa de Axé – Ilê Axé Opô Afonjá.

Iá Obá *Biyí n'ila* Opô Afonjá, a Ialorixá itinerante,[31] pede licença aos ancestrais,[32] consulta os "búzios"[33] (oráculo), organiza o *Egbé*

---

30. Sobre o tema das Iás do Axé Opô Afonjá, ver: SANTOS, Maria Stella de Azevedo. *Meu tempo é agora*. Curitiba: 1993, p. 13. SANTOS, Deoscóredes Maximiliano. *História de um terreiro nagô*. São Paulo: Carthago Forte, 1994, p. 15.

31. Nessa temporada realizou também a iniciação do sr Agenor Miranda *"o mais antigo e mais respeitado oluô da tradição nagô-ketu brasileira"*, cf. SODRÉ, Muniz. In: ROCHA, Agenor Miranda. *Caminhos de Odu*. Rio de Janeiro: Pallas Editora, 1999, Prefácio.

32. A Ialorixá Obá *Biyí*, conforme Luz (Obá de Xangô do Afonjá), tinha como *Ojísé*, o mensageiro protetor da comunidade que dirigiu, o *Ilé Asé Òpó Àfonjá*, o espirito ancestral, Babá *Alapalá* e que muitas Ialorixás, sacerdotisas maiores do culto aos orixás, compreendem o profundo significado da relação do culto aos *Egungun* como o culto às forças cósmicas que governam o mundo. Cf. LUZ, Marco Aurélio. *Do tronco ao Opá Exin*. Salvador: Secneb, 1993, p. 63.

33. O encanto do búzio aparece depois da morte do molusco. O caramujo aquático ao se transformar deixa seu manto perolado vazio, que pode virar uma concha de preceito. Concha que depois de consagrada passa ao estatuto Oracular. *Merindilogun* (16 conchas consagradas usadas para consultar o oráculo de Ifá *Olokun*). Conforme Willian Bascon, essas conchas são selecionadas entre as várias espécies, entre elas as de pequenos caracóis, conhecidas como conchas que sorriem. *Owó èrò*. Acredita-se que o búzio do caracol (*owó èrò*) é uma concha que tem o poder de atrair o vento, e sua na-

(corpo de religiosos) e em seguida o calendário dos rituais enfatizando a vitalidade dos mitos (histórias sagradas) da nação de Ketu. Em breve espaço de tempo abre o caminho das obrigações iniciáticas do Terreiro, consagra o *àpéré* da Casa, assento simbólico da fonte de origem, reverencia *Onile,* saúda *Iroco* e dá continuidade à história dos afro-religiosos na Bahia, traduzindo os mitos em ritos que conferem sentido aos *Caminhos* sagrados do Orixá Oxalá.

Mãe Aninha
Obá Biyí

---

tureza espiralada aciona a propulsão de reaver o movimento anterior ao presente. A concha carrega o som do início da vida, que ressoa na bacia da origem, nas profundezas do oceano, abrange o encanto da morada de *Olokun.* Cf. BASCON, Willian. *Sixteen cowries, Yoruba divination from Africa to the New World.* Bloomington and London: Indiana University Press, 1980, p. 5.

A primeira Iaô a ser iniciada no Ilê Axé Opô Afonjá foi Agripina de Souza, *filha* de Xangô Aganju. Mais tarde, na companhia de Paula de Oxum e Agenor Miranda Rocha (filho de Axé de Iá *Obá Biyí*, Mãe Aninha), ela ocupou o cargo de Ialorixá no Axé Opô Afonjá do Rio de Janeiro, dando continuidade à administração de Iá Obá *Biyí* que, em 1935, retornava a Salvador.

Em junho de 1935, Iá Obá *Biyí* fundou o Corpo de Obá[34] do *Ilê Àsé Òpó Afonjá*. Os 12 ministros do Orixá Xangô são membros do conselho religioso do Ilê Axé Opô Afonjá. O ministério é composto por seis Obás da direita (*Otun*) e seis da esquerda (*Ossi*). Independentemente de participarem da vida civil da comunidade, apresentam-se em cerimônia durante o ciclo de Xangô.

Em 1936 se estabelece a Sociedade Civil Cruz Santa do Ilê Axé Opô Afonjá. O sábio e conceituado Babalaô, sr. Martiniano Elizeu do Bonfim, ocupou a cadeira da presidência. Na época acumulava o cargo com seu *Oiyé* de *Ajimuda* da Casa, cargo este que na última década esteve sob a direção do Obá Caribé Hector Bernabó[35]. Iá Obá *Biyí*, Ialaxé imortal, reinou de 1910 a 1938.

A cidade do Salvador parou com o falecimento de Iá Obá Biyí. Nesse dia 3 de janeiro de 1938, vi titia chorar, eu tinha 12 anos. Tia Menininha (Arcanja) era Sobálóju (cargo sacerdotal) do terreiro de Mãe Aninha.[36]

O Ilê Axé Opô Afonjá desde essa época, no dia 28 de junho, se renova pelo ciclo de celebração ao fogo com as cerimônias ao Orixá Xangô. São 12 dias de ritual ao fogo; a cor vermelha apresenta-se para o ciclo da transformação.

---

34. "*Como ministros de Rei (Sàngó) sentam-se ao lado da Iyálòrisá, a qual representa Sàngó, conforme os títulos ocupados (consagrados?)*." SANTOS, Maria Stella de Azevedo. *Meu tempo é agora*, op. cit., p. 84.

35. Foi presidente da Sociedade Civil do Terreiro *Ilê Asé Òpó Àfonjá*, artista plástico e escultor de origem argentina, radicado no Brasil. Na opinião da autora, foi quem melhor retratou com óleo em tela o universo mítico e místico do Afonjá, especialmente o tema *das Águas de Oxalá*. Para uma apreciação de sua obra que reflete o ambiente consagrado do Terreiro, ver CARYBÉ, Hector. *Icnografia do deuses africanos na Bahia*. Rio de Janeiro: Raízes, 1980.

36. SANTOS, M. Stella de Azevedo, op. cit., p. 15.

Esse ciclo começa na noite de 23 de junho, em que se acende fogueira, celebram-se o milho, o fogo e o frio, em quase todo o estado da Bahia, em homenagem a São João. No Afonjá,[37] por enredos de Axé, as faíscas sobem da pira de fogo que queima há seis metros de altura, fogueira acesa ao ar livre dentro do Terreiro, encenada pelos atabaques que ressoam o *Alujá* diante da casa de Xangô. Esse ciclo é aberto ao se acender a segunda fogueira em frente ao grande portão de entrada do Terreiro na noite de 28 de junho. Fogueira essa que faz parte dos preceitos de abertura dos 12 dias de obrigações do Orixá Xangô, patrono da continuidade e transformações da vida, o orixá da justiça.

O fogo[38] além de cultuado em nome da transformação, no Afonjá, também é uma celebração pela passagem da data de iniciação da fundadora do Afonjá, Iá Obá *Biyí*, remontando aos primórdios de sua longa e sábia caminhada religiosa.

Nessa madrugada de 28 para 29 de junho, os "filhos" de Xangô se apresentam, retiram o ojá da cabeça e em *dobalé* se declinam diante do pepelé de Xangô. Os músicos tocam para o Orixá da Justiça, abrindo a cerimônia do sacrifício do carneiro que ilumina o ritual. Nesta África brasileira, os atabaques (Rum, Rumpi e Lé) ecoam por 12 dias, os iniciados também dançam ao ar livre e diante do fogo ao cumprimentarem Xangô e todo o universo, renovando a alegria do ato da Criação.

A *Iyá* Obá *Biyí n'ilá* Opô Afonjá, a primeira ancestral do Terreiro, pertence, hoje, à cúpula dos ancestrais cultuados em ocasiões especiais, símbolos de amor, do crescimento e da realização da história e da religião africana no Brasil.

A África retratada no Afonjá é um testemunho ímpar que perpetua os 28 anos mágicos de política cultural de *Iyá* Obá *Biyí*, anos difíceis de convivência com amigos e adversários. Período no qual, no seu exercício sacerdotal, transmitiu-se o saber fazer africano, enfatizando a arte de criar,[39] expandiu-se o Axé de Xangô da nação Ketu no Palácio de Obá Afonjá ritualizando a criação.

---

37. Na leitura da autora o Afonjá tem seu Axé de fundamento por linhagem, porém privilegia o panteão da água, na seqüência o do fogo, o da terra, o do ar. Tradição nagô na Bahia, Brasil.

38. GIRARD, Marc. Símbolo teofânico e ou matricial o fogo. In: *Os símbolos na Bíblia*. São Paulo: Paulus, 1997, pp. 89-171.

39. Deve-se entender "criar" no sentido amplo da palavra. Um dia conversando com mestre Didi, perguntei a ele como começou sua vida de escultor. Disse

Iyá Obá *Biyí n'ila* Opô Afonjá transmitiu a expressão do fogo em ritual, desvelando-se da natureza do significado de seu nome: rei que nasceu aqui e agora. Vista como uma rainha na condução do Axé que está plantado e fincado pelo *Opô* (pilar) de Xangô Afonjá, anualmente, ela é reverenciada no Terreiro, a mais antiga *Iá* do *Ilê Ibó Iku do* Ilê Axé Opô Afonjá. *Iyáagbálagbá.* A sucessão se fez compromisso.

A SUCESSÃO DE *IYÁ OBÁ BIYÍ* NO ILÊ AXÉ OPÔ AFONJÁ

A primeira sucessora – Iyá Olufon Deiyi – Mãe Bada

A primeira sucessora de Iá Obá *Biyí n'ila Opó Àfonjá* foi Iá *Bada Olufan Deiyi,* Maria da Purificação Lopes. Ela fez uma passagem bastante rápida pelo trono. Era também filha de africanos e íntima amiga de *Iyá Obá Biyí,* que "a chamava de Mãe". *Iyá Báda* ocupou o cargo de 1939 a 1941, anos célebres e bem vividos na passagem pelos bastidores da coroa.

Iyá Báda, já com a idade avançada, e pela ajuda de *Iwin Tòna, Iyakekeré* e *Osun Muiwá,* a *Osi Dagan* – conforme Mãe Stella – iniciou um só barco de Iaô no Terreiro *Àfonjá,* contudo iniciou diversas pessoas em outros Terreiros da Bahia. No *Àfonjá,* o "barco" foi de sete pessoas, entre elas a sra. Antonina dos Santos, *Iyá Ossun Gere,*[40] Senhorazinha de Oxum, que viveu seu tempo áureo de *abiã,* desde 1903, gozando do privilégio de desfrutar da companhia e sabedoria de *Iyá* Obá *Biyí.*

---

ele que ainda adolescente no Terreiro, durante um dos ciclos de Obaluaiê – Olubajé, Mãe Aninha pediu-lhe que fosse à Casa de Omolu e trouxesse um Xaxará. Ele trouxe o emblema e entregou a ela. Mãe Aninha, delicadamente, mas com firmeza ordenou: agora desmanche todo esse Xaxará com muita atenção, selecione as contas e conchas, observe como se pode refazer, faça um igualzinho e logo refaça este outra vez. Foi o começo. Todas as vezes em que ela precisava de algumas dessas peças sacras, pedia a quem? A ele. E assim o sumo sacerdote do Culto aos Ancestrais tornou-se, também, artista sacro.
40. Há cerca de 12 anos, *Iyá Ossun Gere,* Senhorazinha (1898-1999), ao recordar as histórias de sua vida em palavras textuais, disse ter ido morar na com-

Iyá Bada

A segunda sucessora – Iyá Osun Muiwa – Mãe Senhora[41]

A Iálorixá *Osun Muiwa* reinou 27 anos, de 1940 a 1967. Na intimidade, o povo conhecia a *Iya* pelo nome de *Senhora,* Maria Bibiana do Espírito Santo. Baiana, nascida em 31 de março de 1900,

---

panhia de Mãe Aninha quando tinha apenas cinco anos de idade. Esta senhora quase centenária até 1997 passeava no Terreiro acompanhada, reconhecia os mais íntimos, mas já não cantava e dançava como antigamente.
41. Em maio de 2000, foi lançado pela Corrupio um livro fotobiográfico intitulado *Mãe Senhora, saudade e memória,* organizado por José Félix dos Santos, constituído de textos e depoimentos, documentos e fotografias que refletem a

filha de Félix do Espírito Santo e Claudiana do Espírito Santo. Mãe Senhora descendia da tradicional família *Asipá*, uma das linhagens fundadoras do reino africano de Ketu. Neta de Marcelina da Silva, Obá *Tosi*, que dirigiu a primeira casa de culto aos orixás na Bahia, foi iniciada por Iá Obá *Biyí* na companhia do *Bale* José Teodoro Pimentel, em 4 de novembro de 1907, no mesmo ano da morte do Velho *Bamboxé Obitikou*.

Iyáagbá l'Obá Osun Muiwa, Mãe Senhora, antes de ocupar a cadeira de *Iyalasé* no *Àfonjá*, vivia na ilha de Itaparica, onde mantinha um comércio de iguarias e freqüentava com assiduidade as cerimônias públicas do Culto aos ancestrais (*Egungún*), em Ponta de Areia, na mesma ilha, onde foi homenageada por *Babá Egún* recebendo o título máximo de autoridade feminina, Iá *Egbé*,[42] destaque dentro da Sociedade Secreta Masculina de Culto aos Ancestrais no Terreiro Ilê *Agboulá*.

De 1940 a 1942, ela se sentava à direita junto a *Iyá Báda*. Mãe Senhora[43], depois da morte de *Iyá Báda*, em 1942, dedicou os últi-

---

história da Ialorixá, *Iá Osun Muiwa*. Ver SANTOS, José Felix (org.). *Mãe Senhora, saudade e memória*. Salvador: Corrupio, 2000.

42. Cargo hoje ocupado pela sra. Beatriz Pimentel. Cf. Marco Aurélio Luz, *"essa aproximação não era aleatória, nem causada por simpatia aos terreiros de Egun e seus fiéis simplesmente, mas sobretudo porque a tradição caracteriza a obrigação (compromisso) que ela tem como zeladora de culto aos orixás, para com os ancestrais e todos os eguns, a fim de poder exercer o sacerdócio da forma que achar necessário"*. Ele além disso ilustra sua afirmação com um poema tradicional que já tive a oportunidade de escutar numerosas vezes Mestre Didi recitar textualmente e de lê-lo em seus textos. Inclusive uma cópia desse poema foi uma das primeiras lições que recebi do "Mestre", quando cheguei no *Àfonjá*, na época da "Minicomunidade" em 1979.

Iya mi axexê
Baba mi axexê
Olorum mi axexê o!
Minha mãe é minha origem
Meu pai é minha origem
Olorum é minha origem
Assim sendo, adorarei minhas origens
antes a qualquer orixá.

Ver LUZ, Marco Aurélio. *Do tronco ao Opá Exin*. Salvador: Secneb, 1993, p. 64.

43. Mãe consangüínea de um filho só – Deoscóredes Maximiliano dos Santos – Mestre Didi (supremo sacerdote do Culto aos Ancestrais, do Terreiro *Ilé Asipá*, Terreiro de Culto aos *Eguns* na cidade de Salvador).

mos 26 anos de sua vida à expansão dos princípios religiosos e dos valores culturais nagô. Conduziu, com competência e fidelidade à Tradição, o Terreiro de São Gonçalo do Retiro.

A *Iyáagbá l'Obá Osun Muiwa* aos 42 anos iniciou o seu reinado no Ilê Axé Opô Afonjá. Na década de 1960, Iá *Egbé* recebeu a Comenda ao Mérito do presidente do Senegal, Léopold Sedar Senghor, poeta que eternizou sua cultura em versos.[44] Ela faleceu aos 68 anos, em 20 de janeiro de 1968. Para o Ilê Axé Opô Afonjá sua regência foi um tempo de prosperidade e de consolidação.

Sua influência permanece viva na atual geração, por ter sido responsável pela iniciação de inúmeros babalorixás e ialorixás (entre eles Mãe Stella, a Iá atual do Terreiro), inclusive intelectuais, artistas e políticos, no mais absoluto rigor da tradição dos antigos. Ensinou a todos que foram por ela iniciados e que até hoje reverenciam a sua memória, que se devia cultuar o Ancestral e depois o Orixá.[45]

Ela continua a ser reverenciada como Iá *Egbé* pertencente à cúpula dos ancestrais cultuados no Ilê *Igbó Iku* Axé Opô Afonjá, no Terreiro de Culto aos Ancestrais e *no* Ilê *Asipá* pelos descendentes.[46] Seu único filho consangüíneo, supremo sacerdote do Culto aos *Egungún*, lhe escreve em homenagem aos cem anos de nascimento:

À minha querida mãe, Maria Bibiana do Espírito Santo, Mãe Senhora, Osun Muiwá, Iyalasé lèsé Orìsà, Iyaegbè lèsé Egun, descendente direta da família Asìpa, herdeira do Oriki, que eu chamo de brasão oral: Asìpá Borogun elese kan Gango, Okun odun ogórún o! Reverencio os 100 anos de vosso nascimento!

---

44. Senghor gostava de dizer: *"nós somos os homens da dança"*. Esse verso para muitos até hoje é recitado quando se quer valorizar a dança como expressão inata de descendência africana que se expressa também pela dança como forma de oração.

45. SANTOS, José Félix. In: *Mãe Senhora, saudade e memória*. Salvador: Corrupio, 2000, p. 11.

46. Uma série de comemorações foi preparada para marcar o centenário de uma das principais autoridades da tradição afro-brasileira, entre elas: o CD *Okan Awa*, da cantora *Inaicyra* e a publicação de um livro fotobiográfico intitulado *Mãe Senhora, saudade e memória*, pela Editora Corrupio.

Iyá Senhora

Iya awo kikú, awo kirun
Os iniciados no mistério não morrem.
Nse awo o nló Itunlá
Os iniciados no mistério vão para o Itunlá.
Itunlá ilê awo.
Casa do mistério, lugar de vida verdadeira, ilimitada,
que se renova.
Olorun kosipurè o.[47]
Deus lhe dê o descanso eterno.

A terceira sucessora – Iyá Iwintonã – Mãe Ondina

Ondina Valéria Pimentel, 1968-1975, *Iyá Iwintonã*, Mãe Ondina ou Mãe Zinha,[48] foi iniciada também por Iá Obá *Biyí*, na ilha de Itaparica, em 1921, na casa de seus pais. "Filha de cabeça" do Orixá Oxalá, e filha consangüínea de José Teodoro Pimentel sucessor de Bamboxé *Obitiko*, velho conhecedor da sabedoria e religião africanas. Ambos contribuíram para o desenvolvimento espiritual e social do Terreiro na Bahia.

Mãe Ondina era a *Iyá Kekeré do Egbé,* representava Mãe Senhora em sua ausência, pois *Iyá Osun Muiwa* também dividia seu tempo entre os dois *Afonjá,* o do Rio de Janeiro e *Ilé Afonjá,* da Bahia. Com a morte de Mãe Senhora – conforme *Iyá* Stella – "a *Iyá* Kekeré assumiu os destinos do Afonjá nas mãos".[49] Nessa época, enquanto *Iyá* Ondina assumia o cargo de Ialorixá do Terreiro, Mãe Stella assumia o *Oyié* de *Kolabá* de Xangô, a encarregada de manter a proteção do *Labá,* a bolsa de mistérios do rei.

Iyá Iwintonã, Mãe Ondina na sua sabedoria, era cônscia de que na religião dos Orixás os problemas são resolvidos ritualisticamente, ou então o tempo se encarrega de absorvê-los. Ela iniciou sua temporada de Ialorixá no Ilê Axé Opô Afonjá, coordenando os

---

47. SANTOS, Deoscóredes Maximiliano (Alapini). Iá Mi Osun Muiwa. In: *Mãe Senhora, saudade e memória.* Salvador: Corrupio, 2000, p. 13.

48. *"Mãezinha era um misto de doçura e aspereza – conforme Mãe Stella – temperamental de reações imediatas, herdou dos mais velhos o gesto de conversar com os olhos. Isto desarmava qualquer um."* Ver SANTOS, Maria Stella de Azevedo, op. cit., p. 18.

49. SANTOS, M. Stella de Azevedo, op. cit., pp. 13-22.

Iyá Ondina

rituais fúnebres (axexê) de Mãe Senhora. Segundo as histórias que escutamos de Mãe Stella, Iá *Iwintonã* esteve à frente do Ilê Axé Opô Afonjá nos anos mais difíceis de sua existência. Foram sete anos cabalísticos.

Iyá Iwintonã se assessora do *Egbé* e dá segmento às atividades religiosas do Terreiro, inicia então o primeiro "barco" de iaôs. Ela apresenta a nova fase das iniciações. O corredor da Casa de Oxalá se ilumina com a passagem dos barcos que velejam rumo às iniciações. Senhores passageiros, boa viagem! A *Iyá Kekeré* nessa época era a *Iyá Osun Funmise*, Mãe Pinguinho, Eutrópia Maria de Castro, antiga sacerdotisa também iniciada por *Iyá* Obá *Biyí*, em 1936. Cargo esse que ocupava Mãe Ondina durante a gestão de Mãe Senhora.

Iyá Iwintonã, Ondina Valéria Pimentel, com 59 anos de idade recebeu a visita de *Iku* (morte). Em 19 de março de 1975, foi surpreendida por um colapso cardíaco. Filhos consangüíneos não teve, mas deixou os seus herdeiros de Axé, com as obrigações de sete anos a completar. O alá de Oxalá se fechou sobre seu caminho, e o tempo a proibiu de ver seu sonho realizado: a reforma do Palácio de Xangô.

Em março de 1975, *Iyá Iwintonã* passou à gloriosa categoria de ancestral do Terreiro. A geração atual conheceu Mãe Ondina mediante seus méritos políticos e dignas lembranças mantidas por seus filhos de Axé. Popularizou-se também a extraordinária dedicação com que ela transmitiu a sua sabedoria. De março de 1975 a março de 76, segundo o que contam seus filhos, viveu-se no Terreiro um profundo luto. Tempo igualmente marcado por um controverso dinamismo. Essa passagem foi realizada com a ajuda da presença[50] masculina, no apoio a Iá *Kekeré* do Terreiro, Eutrópia Maria de Castro, a qual fazia jus ao cargo (voz na cadeira de Iá) e segurou a haste de um bastão interino, exercendo com firmeza e bravura.

Iyá Osun Funmissé, a *Iyá-Kekeré*, realizou as obrigações de *Iku*, os rituais de *ássèssè*, assessorada por Mestre Didi, *Assobá* do Terreiro, sumo sacerdote de Culto aos Ancestrais. Conduziram o Terreiro pelos 12 meses de resguardo, enquanto preparavam a comunidade religiosa para receber a Ialorixá atual.

O *"compromisso"*[51] das veneráveis Senhoras sacerdotisas sucessoras[52] que passaram pelo trono matrilinear foi o de reviver esse dinamismo, reverenciar o caminho trilhado pela *Iyalasé* fundadora. Sucessoras legítimas na história e no axé do Terreiro, que passaram pelo trono sustentando a continuidade do legado dos orixás, com a mesma intenção pela qual foi criado, ou seja, na sua autenticidade e pureza originais.

A Ialorixá atual do Terreiro Ilê Axé Opô Afonjá carrega um *ofá* (arco e flecha) de prata na mão esquerda – *Iyá Odé Kayodé* –

---

50. Quem esteve presente pode declarar: *"Eu ajudei Pinguinho em tudo"*. Sobre essa época de passagem ver artigo do autor. "A Ialorixá Irmã de Ogum" em DEOGUM, Moacyr Barreto Nobre. *Faraimará. O caçador traz alegria*. Rio de Janeiro: Pallas, 1999, p. 355.
51. Mestre Didi, fez desse *"compromisso"* o título do discurso de abertura do Encontro preparatório da IV COMTOC 1988, *Ilé Àsé˜Opó Àfonjá*, julho, 1987.
52. Com a morte de Iyá Agripina, a sra. Cantulina Garcia Pacheco foi sua sucessora, exercendo temporariamente o cargo de Ialorixá no Terreiro *Ilé Àsé Òpó*

uma "filha" de Oxossi que veio montada num búfalo vermelho, desfraldando uma bandeira que trazia a genealogia da alegria por escrito.

Iyá Omo Odé Kayodé – Mãe Stella de Oxossi

O Oráculo foi consultado pelo *Oluwo* Agenor Miranda, filho de Axé de *Iyá* Obá *Biyí*, e a ata foi redigida: *Aos dezenove dias do mês de março de 1976 (hum mil novecentos e setenta e seis), presentes 136 pessoas, todas com suas assinaturas gravadas no livro de Atas do Conselho Religioso deste Axé.*[53] A tribuna dos Orixás testemunhou o evento, exclamou em voz de poema o *Orikí* do caminho contemplado pelo *odu* do Terreiro. O *Oluwo* consultou o deus da sabedoria em público: Quem? Quem, entre o corpo feminino do *Egbé* do Afonjá ocupará o trono pelos mil anos vindouros das vacas gordas?

Para testemunhar essa assembléia participante do Ritual de Consulta ao Oráculo para o *odu* (caminho) do Terreiro, além dos deuses invisíveis inclusos, estiveram presentes várias autoridades religiosas do culto: *Oluwo*, Babalaôs, Ialorixás representando as casas tradicionais. Os Obás e os Ogãs da Casa estão entre alguns membros do *Egbé*, representantes da comunidade religiosa política do Terreiro.

Iyálossá Ilé Obá Opó Àfonjá Odé Kayode, Maria Stella de Azevedo Santos, baiana, nascida em 2 de maio de 1925, bisneta do inesquecível africano *Konigbágbé*, foi iniciada por Iá *Báda Olufan-*

Afonjá do Rio até 1988, quando retornou à Bahia por razões pessoais e reassumiu seu *Oiyé* de *Iyá Egbé*, líder representante da cúpula das *Iyagbás* no Terreiro do *Ilé Àsé Òpó Afonjá* de Salvador. Ela é neta legítima de *Obá Saniá* e uma das mais antigas sacerdotisas vivas iniciadas por *Iyá Obá Biyi* no *Ilé Àsé Òpó Afonjá* da Bahia. Completou seus honrosos cem anos de idade em 19 de março de 2000.

53. Com relação à Ata sobre a consulta ao oráculo para a escolha da Ialorixá atual – Mãe Stella de Oxossi – o professor Jaime Sodré, Ogã e mestre em teoria e História da Arte, inicia um artigo que introduz os leitores nos meandros da função do oráculo ao intermediar as decisões do Terreiro pela Sociedade Civil Cruz Santa do *Ilé Àsé Òpó Afonjá* e o funcionamento do Conselho religioso. Ver SODRÉ, Jaime. Ialorixá, o poder singular feminino. In: *Faraimará. O caçador traz alegria*, op. cit., p. 250.

deí e *Iyá Ossun Muiwá* no *Ilé Àsé Opó Afonjá* em 12 de setembro de 1939, na cidade de Salvador.

Odé Kayodé é um orukó (nome iniciático) que, por conseguinte, reafirma esta capacidade do caçador de guiar, de orientar, de desembaraçar os cipós, lianas e gravetos para transformar uma floresta de enganos, nossa existência, num caminho que leve à iluminação pela luz branca de Oxalufan, até a luz absoluta de Olorum.[54]

As portas do Palácio de Xangô se abriram para uma nova era[55] no Terreiro. O Orixá Ogum mostra com clareza a face oculta da época. Iá *Odé* saúda o Orixá Ossanha e com a imponência do Orixá Oxossi impõe a ordem filosófica no Império.

A *Iyá*, após fazer uma genuflexão aos ancestrais e ao Orixá *Onile,* reflete o antigo espelhado no novo, com um quê de antigamente. Fundamenta o instante no antigo ditado que perambula no Reino dos Terreiros: *Quem está fora não entra e quem está dentro não sai.* Antes mesmo de confirmar a cúpula do *Egbé,* canta por 12 dias o *Tanã Silé* (rito de reverência à luz) no *Àfonjá,* escuta os seus sonhos e os de muitos. Incansável, ela escuta o Oráculo, revê a idéia central oculta no adágio popular e reinterpreta a mensagem com a avidez de uma guerreira da transformação. Em reunião com os filhos do Axé, confirma seu "compromisso" e recita em bom-tom: "as portas estão abertas para entrar mas não estão abertas para sair".

Maria Stella de Azevedo Santos, Odé Kayodé, ao ser escolhida (Ialorixá) para reger os destinos do Ilê Axé Opô Afonjá, reinicia, em

---

54. O professor Ildásio Tavares, doutor com pós-doutorado em Letras, Ogã *Omilaré* e Obá de Xangô, no estudo feito sobre o significado do nome iniciático da Ialorixá, em seu artigo interpreta a mitologia de Oxossi, aprofunda a interpretação e adverte: *"Lembrar que Oxóssi Oxotankanxoxô, o caçador de uma só flecha infalível e que por isso, como todos os caçadores, é um guerreiro de elite".* TAVARES, Ildásio. Oriki Oyê Orukó. In: *Faraimará. O caçador traz alegria,* op. cit., p. 220.
55. Em 18 de abril de 1976, antes das festividades de posse de *Iyá Kayodé,* "[...] *estávamos juntos, eu, Didi, Pinguinho e a Iyalorixá".* Ver DEOGUM, Moacyr Barreto Nobre. A Ialorixá Irmã de Ogum. In: *Faraimará. O caçador traz alegria,* op. cit., p. 355.

Mãe Stella

novas dimensões, o diálogo com suas origens. Tinha de encontrar o interlocutor e ele só poderia estar na África, onde tudo começou. Perceber que o outro estaria na África, inicia a estruturação de uma atitude de antítese... não aceitação em relação ao preto desvinculado de sua cultura original. Os diálogos, as estórias de sua Mãe Senhora e também as lembranças dos casos ouvidos de sua Mãe Aninha sempre enfatizavam o jeito africano de ser.[56]

Era uma temporada em que as princesas se levantam dos túmulos, deixam cair idéias em forma de chuva e bênçãos de todos os ancestrais. Os *egúns* transformam lembranças em dádivas e presenteiam pela alegria. *Iyá Odé Kayodé* renova o Axé do Terreiro encaminhando o *odu* pela prosperidade e longa vida em seu reinado da Rainha. *Oxossi* "na sua função de rastreador"[57] retoma a batuta e faz a vigília da luz para preservar a vida do Terreiro e do seu povo em nome da continuidade religiosa do Ilê Axé Opô Afonjá.

A partir de setembro de 1976, *Iyá* carrega Oxalá de um lado para o outro, vai e vem, balançando o adjá para que se realize o grande ritual *funfun* das *Águas de Oxalá*, e no exercício de sua função requisita que o alá esteja aberto nas alturas para proteger a condução do seu reino. *Ibasé ô!* Ela suspende Xangô à altura do seu *Lagbá* (bolsa que carrega o segredo da luta em seu campo de batalha). Mostra-se dinâmica em seu talento de líder, agora centralizado no exercício de seus compromissos como Ialorixá. Dirige com grande conhecimento o rito da transmissão e distribuição de Axé, por ordem de Ifá (sabedoria).

Iyá Odé Kayodé reorganizou então a cúpula do *Egbé*. Ela manteve a *Iyá Osun Funmissé*, Mãe Pinguinho,[58] no cargo de *Iyá Kekeré*, cadeira cativa que se tornou vitalícia desde o primeiro dia em que, com toda paixão, recebeu o cargo de representante da Ialorixá an-

---

56. CAMPOS, Vera Felicidade. Estruturação de atitudes – individualidade. In: *Faraimará. O caçador traz alegria*, op. cit., p. 169.

57. TAVARES, Ildázio. Oriki Oyé Orukó. In: *Faraimará. O caçador traz alegria*. op. cit., 1999, p. 220.

58. A *Iá Kekeré*, sra. Eutrópia Maria de Castro, Mãe Pinguinho, foi iniciada em 1936 por *Iyá Obá Biyí*. Em 1989, durante os 21 anos de *Iá Kekeré* da casa, sacerdócio exercido com verdade e autonomia.

64

terior. *Iyá Odé Kayodé* (Mãe Stella), na sua sabedoria, realizou uma escolha digna da função *Iyá Kekeré*, segunda Mãe oficial no *Egbé*. Manteve, assim, alguém com conhecimento e sagacidade de uma sábia religiosa, uma senhora adoradora do "fogo". A *Iyá Osun Funmissé*, como a segunda voz do Terreiro, conduziu com nobreza o seu *Oiyé* de *Ojubona* com a virtuosidade de suas facetas, seu lado peixe e seu lado ave. Mulher de inteligência hábil que alternava sabiamente humor e firmeza decisória nas instruções religiosas.

A chegada da *Iyá kekeré*, no Palácio de Xangô, para saudá-lo, às quartas-feiras, era uma poesia, além de uma profunda lição de amor aos olhos e ouvidos de quem a assistisse; era uma aula de sabedoria e revelação de fé. A competência desta senhora embelezava sua função sacerdotal de *Iyá Kekeré*. A sua dignidade perante os atos de fé era de uma beleza inabalável. E assim foi por 21 anos, até que suas forças se esgotaram encaminhando seu *Orí* embalado pelo canto e pela música. Seguiu com a leveza dos pássaros e deixou uma ausência como a do elefante que abandona sua manada pela lei de *Iku*. E pouco a pouco se foi, dançando e cantando bateu asas. Voou. Transladou os nove espaços para o *Orun*.

> A Iyákékeré é a mãe-pequena da comunidade. O que a Ojúbòna faz em particular com seus filhos, ela deve fazer com todo o Egbé. Reúne os atributos de mestra e fiscalizadora dos ensinamentos ancestrais e determinações da Iyálòrisa. Divide com a Mãe Grande, ombro a ombro, as responsabilidades civis e religiosas.
> Ela deve ser o cartão de visitas do Ase. No impedimento ou ausência da Iyálòrisá responde pelos destinos do terreiro. Assim como a Iyalorixá (no Ilé Opó Àfonjá) é porta-voz de Sàngó perante a comunidade, a Iyákekeré é a porta-voz da Iyálasé.[59]

Atualmente, *Iyá Odé Kayodé* conduz o Império do Ilê Axé Opô Afonjá a galope, para uma nova era. De 1988 a 1993, repensando a oralidade da Tradição, resumiu por escrito suas idéias mais importantes. Uma mãe ao estilo da vigília. Mãe Stella assume a função

---

59. SANTOS, M. Stella de Azevedo. *Meu tempo é agora*. Curitiba: P. Centrhu, 1995, p. 71.

Iyá Stella, Iá Kekeré Funmisé e a Iyá Egbé à esquerda

enigmática de "Mãe grande" por excelência, como "filha" de Caçador Real. Ela "é cônscia do seu tempo e portadora de uma visão especial, fruto da rara energia que seu àsé lhe confere. Única maneira com que alimenta e reforça sua cultura e fé".[60] Entre muitos reverenciada, cumprindo seu *Odu* de Iá, confirma o valor da Iá- *Agbá*; traz na garupa de seu búfalo azul sua porta-voz, a sucessora da antiga Iá *Kekeré*, outra filha de Oxum. "Georgete, *Eyin Osun*, é a atual *Iyá kekeré* do *Ilé Opó Àfonjá* após o passamento de Osun Fumìse, 'Pinguinho'."[61] No dia 2 de maio de 1991, Iá Georgete, uma das *Olosuns* antigas da Casa de Oxum, iniciada por Mãe Senhora, foi empossada na função de *Ojubona* do Terreiro, a Iá *Kekeré* do *Egbé*.

A Ialorixá *Odé Kayodé*, Mãe Stella, *Iyá*, como é chamada no Terreiro, constrói o caminho da Vitória realizando as *obrigações* com o "pathos" da solidariedade, sedimentada com uma expressão aliada ao *compromisso* de Iá, *Mãe de* Axé. Caminho tentador e imbatível. A seguir algumas de suas reflexões:

---

60. SANTOS, M. Stella de Azevedo, op. cit., Prefácio.
61. Idem, ibidem, p. 71.

Ao ser escolhida para Iyálòrisá, o primeiro impacto foi ver a responsabilidade que se abatia, feito flecha, sobre os meus ombros. [...] Procurei ser firme, sem ser intolerante. [...] Caribé, meu irmão de Ossosi, presidente da Sociedade Civil, tem "segurado grandes barras" comigo: ele, como presidente e eu como Iyálòrisá. [...] Recolhi o primeiro barco de Iyáwó em 1978. Prova de fogo, entre apoio e críticas, superei... Fiz algumas mudanças sem subtrair as bases. Para evoluir há necessidades de reformas. Involuntariamente, provoquei uma revolução; jamais perdi a essência e perspectiva. O tempo é bom conselheiro, dada a impessoalidade. Perdi minha prezada liberdade parcialmente.[62]

Em 1981, Mãe Stella começou a organizar o primeiro Museu de um Terreiro no Brasil – *Ilé Ohum Lailaí*[63] – Museu do Ilê Axé Opô Afonjá. Em 1987, como representante nacional da *Conferência Internacional de Tradição dos Orixás*, recebe no Terreiro e coordena o *III Encontro Nacional*[64] preparatório para a IV *Conferência Internacional de Tradição dos Orixás.*

Em maio de 1988, implanta o segundo tempo social do Terreiro, dá um sentido novo à educação no Terreiro ao instituir a Escola.[65] Reaviva assim as expressões artísticas e oficializa as expressões vocacionais, estimula as atividades de ferreiro, incrementa o artesanato de bonecas, costura e bordados, faz história e cria motivos para o desenvolvimento do pensamento crítico, criativo na comunidade. Em 1989 ela lançou seu primeiro livro a quatro mãos e, em 1993, a Ialorixá publicou a síntese de suas reflexões em forma de livro: *Meu tempo*[66] *é agora,* nas palavras de Geraldo Machado, "discute uma

---

62. SANTOS, M. Stella de Azevedo, op. cit., p. 19.
63. Sobre a história e pré-história do Museu ninguém melhor para contar do que o autor da declaração: *"Testemunhei esse processo e fui por ela encarregada de fazer o Museu".* FELICIDADE, Vera. Estruturação de atitudes – individualidade. In: *Faraimará. O caçador traz alegria*, op. cit., p. 170.
64. *"A mim, confesso, nunca me haveria ocorrido encontrar essa nova função específica para o Terreiro. Brilhante."* Ver RODRIGUÉ, Emílio, op. cit., p. 235.
65. Uma versão da criação da Escola como projeto sociocultural pode ser vista no texto de THEODORO, Helena. Mulher negra, dignidade e identidade. In: *Faraimará. O caçador traz alegria*, op. cit, p. 282.
66. Para contemplar esse tempo ninguém mais indicado que o *Oluwo* responsável pela consulta ao Oráculo na época da escolha da Iá, em 1976. O professor Agenor Miranda da Rocha declara na Introdução da antologia *Faraimará,*

67

das mais importantes questões culturais e religiosas já abordadas por uma Ialorixá: o limite da transmissão de conhecimentos baseada estritamente na tradição oral".

O livro é também sua autobiografia, discute uma das mais importantes questões culturais e religiosas já abordadas por uma Iyálòrisá: o limite da transmissão de conhecimentos baseada estritamente na tradição oral. Mãe Stella entrega-se corajosamente, de corpo e alma, a essa batalha. [...] Ela sabe mais do que ninguém da força dessas suas palavras. Afinal, sintetiza, "o que se registra por escrito permanece".[67]

Sua atitude instaura um movimento integrador que na sua circularidade envolve pessoas e saberes. Em 12 de setembro de 1999, Iá *Ode Kayodé* cumpriu 60 anos de iniciação. A comissão organizadora do evento reúne celebridades que fazem um relevante testemunho, por escrito. No livro *Faraimará. O caçador traz alegria,* introduzido por mestre Agenor, sua vida é banhada pelo selo de cunho sacerdotal, *Iyálossá Ilé Obá Opó Afonjá Odé Kayodé*, rainha da Tradição e Cultura dos Orixás (deuses africanos) no Brasil.

Deve-se considerar que a nossa fonte teológica foi a África. O Terreiro congrega um saber de diversas nações africanas recriadas no Brasil, realidade que manifesta uma antiga descendência da religião iorubana na Bahia. Em virtude da diversidade de nações aqui existentes, vindas de diferentes lugares da África, e conse-

---

constituída de ensaios para a comemoração dos 60 anos de iniciada da Iálorixá do Terreiro Afonjá. *"É certo que, neste ano de 1999, todos estão satisfeitos em festejar os 60 anos de santo de Stella, mas gostaria de dizer que eu tenho uma parcela maior de felicidade. Foi através de meu jogo que Xangô a indicou. [...] Algumas vezes, doeu em mim ver a casa tão mudada. Mas em todos os momentos, mesmo os mais delicados, Stella tem sabido, como legítima representante de Xangô, levar a casa adiante. Como zeladora do Axé, tem mostrado saber contrabalançar modernidade e tradição. [...] Assim como o reinado de Oxóssi na Bahia marca o recomeço do culto aos orixás trazidos da África, a entronização de uma filha-de-Oxossi na direção do Axé está indicando um recomeço desta casa. Que Xangô e Oxossi nos conduzam a melhores dias neste milênio que se inicia!".* Ver ROCHA, Agenor Miranda. Introdução. In: *Faraimará. O caçador traz alegria,* op. cit.

67. O prefácio mostra a visão geral de um dos estudiosos da cultura da baiana, com respeito ao livro. Ver SANTOS, Maria Stella de Azevedo, op. cit.

qüentemente da real necessidade de reorganização, criou-se a liturgia de maneira tal que os orixás são cultuados segundo a Tradição de cada nação. O saber de várias nações constituem a Tradição do Terreiro Afonjá como uma única nação, sendo o saber de cada uma delas reverenciado e compartilhado por todos ao se tratar de religião, que se desenvolve com a solidariedade das relações e envolve questões da origem de visão de mundo.

Esta religião é um fenômeno cultural constatado por quase 300 anos, uma realidade de culto aos orixás, que se oficializou "quando a Bahia era considerada a metrópole da América",[68] nestes espaços sagrados dos Terreiros. Espaços consagrados à prática da religião africana no Brasil, organizados em continentes litúrgicos. Em outras palavras – como um recipiente sagrado que tem a função de conter-se como espaço consagrado –, porta-jóias consagrado à cultura da Tradição nagô no Brasil.

O objetivo desse ousado empreendimento, que religiosamente passa pelo ponto de vista da Tradição, é a preservação de valores e redistribuição de Axé. *Religião é cultura.*[69]

> Estamos lidando com fenômenos religiosos e pelo simples fato de serem fenômenos, ou seja, de se manifestarem, de se revelarem a nós, são cunhados como uma medalha pelo momento histórico que os viu nascer.[70]

As *Iya-agbá*,[71] representantes do princípio feminino, se empenharam no projeto que legitimou a organização do Terreiro como forma de comunidade religiosa. Essa religião é um modo de viver. Vinga uma Tradição que renasce e se expressa mediante um corpo litúrgico constituído de várias formas de culto (gesto de nobreza e

---

68. SANTOS, Deoscóredes (Mestre Didi). *História de um terreiro nagô*. São Paulo: Carthago Forte, 1994, p. 9.
69. SANTOS, Maria Stella de Azevedo, op. cit., p. 22.
70. ELIADE, Mircea. *Imagens e símbolos*. São Paulo: Martins Fontes, 1996, p. 27.
71. *"As Iya-agbá são a origem, de onde emanam os princípios, signos, mas serão seus descendentes, os continuadores integrantes do Egbé, que os sustentam, lhes conferem presença e os projetam num âmbito infinito. É a projeção do sagrado, da energia mítica, que revela e afirma a essência dessa permanente renovação-renascimento nagô."* SANTOS, Juana Elbein. Mãe Senhora – lembranças e reflexões. In: *Mãe Senhora, saudade e memória*. Salvador: Corrupio, 2000, p. 48.

reconhecimento) ao Orixá. Organizado com uma linguagem simbólica de mitos e ritos inerentes à natureza dos reinos que constituem o Universo (mineral, vegetal e animal pelos elementos: água, fogo, terra, ar, admitindo-os entre os visíveis e os invisíveis) ao reverenciar os orixás. Religião de Tradição dos Orixás e Cultura nos Terreiros da Bahia.

> Na linguagem, na religião, na arte, na ciência, o homem não pode fazer mais que construir seu próprio universo – um universo simbólico que lhe permite entender e interpretar, articular e organizar, sintetizar e universalizar sua experiência humana.[72]

Como acabamos de ver, a criação do Terreiro como espaço sagrado registra a presença da Tradição; a aquisição e expressão de uma linguagem religiosa que persiste acessível ao social, por parte dos descendentes africanos na história da Bahia. Com essa nova expressão participam e integram-se no fazer da história brasileira. Ponto de partida que demonstra a solidariedade em prol do objetivo comum: reconstrução da identidade por intermédio da reafirmação de valores ancestrais pela consolidação do corpo religioso, no exercício de funções sacerdotais no templo dos orixás, local de iniciações, Casa de Axé, lugar de cultura. Um espaço consagrado à continuidade dos valores atualizados no modo de ser e de fazer uma religião que perfaz saberes de Tradição e cultura descendente da África recriada no Brasil pela liturgia do Axé e pela vivificação dos mitos que conjugam o tempo sagrado dos orixás no templo chamado de Terreiro. Ilê Axé Opô Afonjá.

---

72. CASSIRER, Ernst. *Ensaio sobre o homem*. São Paulo: Martins Fontes, 1997, p. 359.

2 O TEMPO SAGRADO DOS ORIXÁS E DO TERREIRO

O Tempo consegue ser, o que quer dizer que ele pára de tornar-se e transforma-se em eternidade.[1]

O Tempo sagrado é familiar a todas as religiões. Vive-se num universo dessacralizado mesmo sabendo que somos a matéria estelar que despertou para a consciência. Não se vê o tempo mas acredita-se que ele existe.

Para essa Tradição, o espelho da realidade mitológica beira fronteiras entre o visível (*Aiyê*) e o invisível (*Orún*), entre as amarras da razão e a tetradimensionalidade mítica[2] de histórias sagradas de Orixá.

---

1. ELIADE, Mircea. *Imagens e símbolos. Ensaio sobre o simbolismo mágico-religioso.* São Paulo: Martins Fontes, 1996, p. 169. Eliade está falando do tempo sagrado. É nesse *instante* que se encontram Eliade, João Cabral, Murilo Mendes e Waldecy Tenório, que relembra: *"É hora de lembrar a Valéry que esta presença interna – a graça! – não se engana de cabeça, e nenhuma forma a aprisiona. Santo Agostinho a sentiu no íntimo do seu íntimo. No fino instante exato ela desafia a bailadora a ouvir uma palavra vinda de um Outro, lá do fundo do tablado, essa palavra que, Tillich o diz, transformará seu desespero na coragem de ser".* TENÓRIO, Waldecy. *A bailadora andaluza. A explosão do sagrado na poesia de João Cabral.* São Caetano do Sul: Ateliê Editorial, Fapesp, 1996, p. 159.
2. *"Rumo ao interior da floresta noturna do Orún, como as águas, correndo risco entre árvores, cobras, pássaros e forças invisíveis, como dança Oxum (a deusa das águas doces), [...] com o cérebro no coração, o coração na cabeça e a cabaça (que contém e é contida, símbolo de continuidade da espécie) de mel nas mãos."* RODRIGUÉ, Maria das Graças de Santana. A tolerância dos deuses é diabolicamente fascinante. In: *Último andar,* 2(2), 1999, p. 87.

Rubem Alves nos ajuda a acompanhar o mito[3] quando afirma que "os olhos que só vêem o visível não podem ver as ausências que moram ali".[4] Esse pensamento nos leva a apreciar os mitos, legado dos antigos, como exercício consagrado à imaginação, uma explosão do pensamento pelo tempo[5] do além.

> Os orixás vêm do passado, do passado ancestral e tudo aquilo que eles foram não desapareceu; existe, ainda agora; continua vivo. O tempo que passou, as viagens realizadas não destruíram a sua natureza divina. O tempo ontológico dos deuses está fora e *liberto do tempo do relógio*.[6]

ORÍ ORIXÁ OXALÁ[7]

O nascimento de Orí

Em épocas remotas, quando ainda não havia a entidade chamada *Iku* (morte), durante uma assembléia em que todos os Orixás es-

---

3. *"Apreensão direta do mundo, no limite do dizível, e por isso mesmo uma fala mais imagética do que discursiva, o mito traduz o contraditório em imagens sem reduzi-lo. A 'coisa presente' é hierofania; por isso, o mito se referencia a uma história de criação: o mito é mergulho na nascente, narração do mistério, fala do sagrado."* UNGER, Nancy Mangabeira. *O encantamento do humano – ecologia e espiritualidade*. São Paulo: Loyola, 1991, p. 29.

4. ALVES, Rubem. *Lições de feitiçaria*. São Paulo: Loyola, 2000, p. 55.

5. *"Sim, quando todas as concepções sobre espaço e tempo e sobre a vida e morte forem exploradas, quando as garras do passado e o medo do futuro tornarem-se eles mesmos situações passadas, só então viveremos no presente de modo integral."* Ver VILLOLDO, Alberto. *Os quatro ventos. A odisséia de um xamã na floresta amazônica*. São Paulo: Ágora, 1997, p. 218.

6. BERNARDO, Teresinha. As religiões afro-brasileiras. In: *O simbólico e o diabólico*. São Paulo: Educ, 1999, p. 77.

7. *Orìsà-nlá* é a suprema divindade da terra ioruba. Como seu nome mesmo explica, é o deus principal. Por isso, diz-se que ele é o pai de todos os Orixás nas terras iorubanas. O título de pai denota um relacionamento de liderança entre as outras divindades e sugere que ele é a divindade original. Automaticamente senhor e líder de todos. Ele também é chamado de Obatalá *(Ob-tí-ó-nla)*, nome que se pode interpretar – "O rei que é grande"; ou *Oba-ti-àlá* – "O rei vestido de branco". [...] *Orìsà-nlá* representa a ética da pureza no ritual. Cf. ÌDOÒWÚ, E. Bólájí. *Olódùmarè*. Nova York: Wazobia, 1994, p. 71.

tiveram presentes, pairava uma pergunta no ar: "Quem dentre os Orixás acompanharia o humano no seu retorno à origem?" Todos responderam que acompanhariam o nascido na Terra com a maior fidelidade e deleite, no seu retorno à origem. Esse desejo dos Orixás se manteve até escutarem a segunda questão: "E se no meio do caminho fores convidado para um banquete na casa de seus pais, para saborear o prato preferido?". Um por um dos Orixás respondeu que pararia em casa para atender ao honroso convite.

Durante essa assembléia liderada por Orunmilá, decretou-se que *Orí*, apenas ele, é livre para se dedicar totalmente a acompanhar aquele que nasce no *Aiyé*, nessa longa jornada pela vida afora. *Orí* tem como única função acompanhar os humanos todo o tempo enquanto vivos e no seu retorno à origem.

Orí é o primeiro Orixá e único ancestral individual de cada um que nasce aqui no *Aiyé*. *Orí*[8] é, portanto, anterior ao corpo terrestre,[9] antes de nascer. *Orí* não conhece *Iku* (morte), quando se deteriora um corpo aqui na Terra, *Orí* nasce no *Orún*, no além. *Orí* como o mais antigo associa-se a *Òrìsà-Nílá* (nlá = Grande). Conforme Idoòwú,[10] ao enunciá-lo em seus estudos afirma que *Orìsà-nlá* é Babá – "o pai" –, Ba' nlá – "Grande pai", Ba' t'orisá – "Pai de todos os orixás". Segundo Abimbola, para todos os iorubanos, *Orìsà-nlá* é a suprema divindade.

---

8. Abimbola desenvolve o conceito de *Orí* justificando ser a base da filosofia de vida para o povo de língua ioruba. Diz da importância do conceito de *Orí* para explicar a existência de acontecimentos incompreensíveis como a morte, o sofrimento, e a boa sorte, a comodidade. A abrangência do conceito de *Orí* é um fato nessa Tradição. *Orí* é a entidade fundadora de cada personalidade individual. Todo ser que nasce tem *Orí*, mas no caso do ser humano *Orí* é o intermediário entre o mudo conhecido (visível) e o desconhecido (invisível). É ele o único símbolo arquetípico em potencial que organiza a relação do humano com sua origem, responsável pela ordenação da qualidade de vida, longevidade da passagem existencial pela terra. Cf. ABIMBOLA, Wande. *Sixteen great poems of Ifá*. Unesco, 1975, p. 34.

9. RISÉRIO, Antonio. *Oriki orixá*. São Paulo: Perspectiva, 1996, p. 94.

10. Doutor em religiões comparadas que defendeu sua tese de doutorado na Universidade de Londres em 1955, intitulada *Olódùmarè*. ÌDÒWÚ, E. Bólájí. *Olódùmarè*. Nova York: Wazobia, 1994, p. 29.

A bandeira de Oxalá

ORIXALÁ, O GRANDE ORIXÁ *FUNFUN*

Quem é esse Orixá tão poderoso que exprime o silêncio interior inicial, ao mesmo tempo que proporciona a expressão (dança) como forma de oração?

Tudo o que se sabe sobre o Orixá Maior – o criador, o mais respeitado, *o pai de todos os Orixás*[11] – é contado sob um prisma mitológico passado de geração a geração no âmbito religioso do Terreiro. Todos têm Oxalá. A referência mais familiar é a associação desse nosso código (*Orí*) com o elemento ar, como símbolo do espírito, correlacionado aos estados da água e associado ao branco.

Apresentaremos o Orixá Oxalá sem entrar no mérito das grandes discussões literárias[12] e das histórias que circulam a respeito da etimologia ou do gênero, bem como sem discutir a veracidade das variantes mitológicas.

Nossa apresentação está influenciada pela sabedoria dos que vivenciam no Terreiro-Templo e vivem a religião, fazendo referência à natureza dos mitos sagrados e à sua dimensão simbólica.

Em cada lugar, país ou nação espalhado pela diáspora africana nas Américas, Oxalá pode ser diferentemente reverenciado como Odudua, Oribatalá, *Òrìsànlá*, Obatalá ou seja, "o Orixá criador da Terra e dos homens, criador do gênero humano, dono de todas as cabeças, Orixá da paz e da justiça";[13] Obanixá, Oxaguian, porém, qualquer que seja o título é Orixá *funfun*;[14] ele está asso-

---

11. SANTOS, Deoscóredes. *História de um terreiro nagô*. São Paulo: Carthago Forte, 1994.

12. Para aprofundar o tema das variantes mitológicas relacionadas com Oxalá ver em VERGER, Pierre. *Notas sobre o culto aos orixás e voduns*. Trad. Carlos Eugênio de Moura, São Paulo: Edusp, 1999; SANTOS, Juana Elbein. *Os nagô e a morte*. Rio de Janeiro: Vozes, 1998.

13. FURÉ, Rogelio Martine. *Diálogos imaginarios*. Cidade de La Habana: Editorial Arte y Literatura, 1979, p. 138.

14. O mito do nascimento do sistema Oracular ilustra a origem do branco na história dos Orixás. O poema de Ifá relata que quando Orunmilá teve seu terceiro filho o impacto do nascimento foi tão grande e de natureza tão especial que Orunmilá se sentiu completamente branco "my body become white all over". O amálgama causado pela mistura dessa presença valorizou o sentimento, a ponto de Orunmilá descobrir um nome para seu terceiro filho, dando sentido histórico ao nascimento de *Omo-ni-mo-bí-tán-ni-mo-funfun-lára-*

ciado à cor branca e de forma indireta está ligado aos ancestrais. Seja na Nigéria, em Cuba, nos Estados Unidos ou no Brasil, predominam os mesmos elementos rituais. O *Ìgbín,* toque específico para Orixalá, a dança com o corpo arqueado; a ausência do dendê e do sal no jejum, e suas associações mitológicas com o *efún* (giz branco consagrado que se usa para cruzar o corpo em ritual produzido à base de CaO[15]).

Funfun é a representação do branco. O branco significa a criação, o poder genitor masculino e feminino, a passagem da transformação de um nível de existência a outro. O branco está presente nas vestes dos rituais de passagem (nascimento e morte).

Òrìsàlá, Òrìsànlá, Òsàlá, Orìbàtálà, Obàtálà simbolizam um elemento fundamental do começo dos começos, massa de ar e massa de água; um dos elementos que deram origem a novas formas de existência –

---

gbéru-gbéru. Isto é o que nessa tradição se compreende como *Oríkí,* quer dizer a história da pessoa gravada em seu próprio nome. Sobre o nascimento de Ifá, ver ABIMBOLA, Wande. *Sixteen great poems of Ifá.* Unesco, 1975, p. 69.

15. O arcabouço ósseo é uma estrutura pesada constituída duma composição de colágeno e fosfato de cálcio (CaO). Essa conjuntura de células ósseas é totalmente renovável no organismo, perdura administrando a expressão todo o tempo em que o corpo na sua totalidade vincula-se à existência da vida. Hierarquicamente nesta compostura a cabeça lidera por ser a parte mais velha do corpo, morada simbólica de *Orí.*

O arcabouço vai além do físico, ultrapassa a caracterização do vertebrado, postula o conjunto articulado de ossos que, além de proporcionar a função expressiva do movimento, delineia traços gestuais da comunicação e sela (confirma) nossa linhagem ancestral. Todo mundo tem Orixalá, tenha o nome que tiver: Oxalá, Oxailuefun, Oxalufã. *Orí* é o primeiro ancestral de cada pessoa, *Orí* é o primeiro Orixá individual, Orixalá. Para compreender é necessário conceber que é uma questão de visão.

Na constituição corpórea o cálcio, por natureza, se destaca, ele é o primeiro reagente elétrico em nosso organismo. Ele participa na coagulação sanguínea e desempenha uma função fundamental na contração muscular, ele reluz nos ossos com a função de demarcar a vida. É o mineral que dá a base do brilho, é um sólido branco, que se funde a 810° C. Oxida-se ao ar dando origem à cal viva (CaO). Extremamente redutor, decompõe a água a frio. Entre os minerais que se processam na alquimia biológica do nosso corpo, o cálcio desempenha papéis vitais também em nossas impressões. É bivalente nos seus compostos. Muito abundante na natureza, particularmente sob a forma de carbonato (rochas calcárias). *Efún.*

a protoforma e a formação de todos os tipos de criaturas –, no àiyé ou no oruú. Os funfun são entidades que manipulam e têm o domínio sobre a formação dos seres deste mundo – os ara-àiyé –, e também sobre a formação dos seres no além. Os vivos e os mortos, os dois planos de existência, são controlados pelo axé de Òrìsànilá.[16]

O Axé do Orixá *funfun* está ligado à cor branca, é caracterizado por diversas substâncias como o *efún*, o chumbo, a prata, o algodão, o ossos, o sêmen. "Obatalá é o rei do alá, do pano branco que envolve os viventes",[17] o ar, a existência é a força cósmica do Universo caracterizada pelo ar, ao qual estamos ligados enquanto vivemos.

Para os iorubas, conforme Abimbola,[18] *Òòsàálá* é o deus da criação. É acreditado como aquele que modela o ser humano no além; e também é conhecido como Obatalá e *Òosà-funfun* (the white god) porque todos os elementos e símbolos associados a *Òòsàálá* são brancos. Inclusive os sacerdotes e as sacerdotisas deste Orixá se vestem unicamente de branco.

No Afonjá, cultua-se Oxalá, o Grande Orixá *funfun* (branco) associado às águas e ao ar, como princípios não separados, mas possivelmente alternáveis dentro de critérios ocultos no campo do mistério da origem. O Culto que se faz presente durante os 16 dias do ritual das Águas. Rito que se realiza como percurso de *Orí* ao cumprir o caminho (*Odu*) de Orixalá (*Odùdwà*), ainda sem distinção de gênero.

No decorrer do ciclo das *Águas*, ao se vivificar o caminho de Oxalá, o ritual engloba no seu bojo os elementos água e ar. E, na seqüência, água e terra entrelaçando-os ao culto das folhas de Ossanha e ao elemento fogo que está associado ao Orixá Xangô e à deusa dos ventos, *Oyá*.

A continuidade do calendário religioso do Ilê Axé Opô Afonjá reverencia cada Orixá, associado a cada elemento na mesma seqüência em que são reverenciados no salão de festas, com canto, música e dança na roda de sacerdotes durante o ritual público, *Siré* de Orixá.

---

16. SANTOS, Juana Elbein. *Os nagô e a morte*. Rio de Janeiro: Vozes, 1998, p. 75.
17. LUZ, Marco Aurélio. *Do tronco ao Opá Exin*. Salvador: Secneb, 1993, p. 81.
18. ABIMBOLA, Wande. *Sixteen great poems of Ifá*. Unesco, 1975, p. 175.

Entre os religiosos dessa Tradição sabe-se que Oxalá é "o mais respeitado, o pai de todos os Orixás",[19] que mantém a proteção vital, individual e coletiva, representada pelo Alá (pano branco que simboliza a atmosfera). O Alá está associado a essa massa invisível de ar que está suspensa como um grande pano aberto acima de todas as cabeças dos indivíduos nascidos. O Alá preserva a existência dos vivos e ao fechar-se sobre alguém significa a morte do corpo, perda do calor vital, nascimento de *Orí* no Além, no *Orún*.

A presença do símbolo do Alá nos rituais envolve complexidade de fundamentos. Ela fala da vida e da proteção associada ao corpo humano do ponto de vista sagrado. Simbolicamente, o arcabouço ósseo na estrutura do corpo vivo representa o veículo de comunicação ancestral. Esse mesmo arcabouço é fronteira entre os vivos e os antepassados, relação tão complexa que escapa para o campo ancestral. Ao aprofundar a linguagem das associações simbólicas do branco esbarramos no *efún*, o elemento ritual símbolo mitológico da argila do *Orún*. A matéria usada por *Ajalá* para modelar cabeças, bolas em forma de *Orí* na casa de Oxalá no *Orún*.

E no *Aiyé*, nos rituais, o *efún* é usado ritualmente como pó selador da ancestralidade. No ritual, o *efún* situa-se entre o denso luto e a solene alegria, permitindo uma aproximação do corpo sacro, ao selar a ancestralidade e facilitar, ainda, a entrada na complexa rede dos mitos (histórias sagradas) da Tradição dos Orixás.

A exclusividade do uso da cor branca presente nas vestes litúrgicas apresenta-se também como símbolo, significando a preparação para a entrada no ritual de passagem. A caminhada em direção ao desconhecido cria com freqüência alguma tensão. Conforme Botas, o ritual comporta tensão mas implica principalmente um júbilo intenso.[20]

A brancura do ar como símbolo do espírito, a transparência das águas (*aqua vitae*) símbolo da vida, ímpeto da cura, a umidade e a leveza do ar ambiente são elementos de fundamento religioso e essenciais para que ocorra a sobrevida das espécies.

---

19. SANTOS, Deoscóredes (Mestre Didi). *História de um terreiro nagô*. São Paulo: Carthago & Forte, 1994, pp. 54-9.
20. BOTAS, Paulo. *Carne do sagrado*. Petrópolis: Vozes, 1996, p. 31.

Tanto que pensamos na água como uma substância, mas ela é mais do que isso, é um arranjo complexo de moléculas com um padrão de crescimento específico. Um fenômeno de regularidade específica, o resfriamento, causa uma estrutura mais densa, produzindo gelo, que é sólido. Se a estrutura molecular for aquecida, ela se abre e se transforma em vapor. A água, assim, pode *ser sólida, líquida e gasosa.*[21]

O dendezeiro

No universo religioso da Tradição dos Orixás, a água ultrapassa o campo da compreensão, aparece constantemente como pano de fundo nos mitos e como evocação da quietude e do silêncio. Ela se revigora ao cumprir a travessia, ao transmudar-se para o estatuto sagrado. Ela é a matrona ritualizada.

O pano de fundo documental do *Ritual das Águas*, como rito de renovação, é conferido pelo mito das águas, o qual tem uma série de versões escritas e narradas. Algumas são mais contadas que outras. O que todas têm em comum é Oxalá em consulta ao Oráculo; as recomendações que ele recebeu e o desaguar da história no *Ritual das Águas*.

---

21. KELEMAN, Stanley. *Anatomia emocional.* São Paulo: Summus, 1992, p. 70.

Oxalá, o amenizador de problemas,[22] depois de longo tempo aqui na Terra, anunciou aos filhos que gostaria de fazer uma grande viagem solitária e sem compromisso com o retorno. Antes de viajar ele gostaria de redistribuir entre os filhos os seus bens, seu axé. O prenúncio transfigurou-se num convite especial para que os filhos se reunissem.

Seu filho mais velho, o mais veloz, o que não quer dizer obediente, atendeu ao aviso antes dos outros. Chegou instantaneamente, como num passe de mágica, para visitar o pai. O primogênito, *Ajalá* (modelador de cabeças no *Orún*), antes de receber esse nome, muito antes de exercer esta função, diz a Orixalá que gostaria de receber o seu legado naquele exato momento, independentemente da presença dos irmãos.

O pai procurou convencê-lo de receber o presente na presença dos irmãos. O filho não atendeu, respondeu alegando o direito de assumir as diferenças do seu caminho, como também sua relação com o tempo. Orixalá acolheu o argumento, concordou e entregou ao primogênito o que tinha direito. O filho se despediu carinhosamente e partiu em boa hora. Da porta de sua casa, Orixalá abençoou o filho em despedida e o acompanhou com o olhar paterno.

Tempos depois, os filhos se apresentaram e Orixalá iniciou a reunião perguntando a Exu, seu filho mais velho, a razão de estar presente, pois já tinha recebido o que lhe era de direito. Ele disse ao pai apenas ter voltado para receber a parte a que tinha direito, agora, no coletivo. Diante daquela resposta imprevisível, Orixalá silenciou buscando uma solução. Exu recebeu outra vez, depois dos outros, em último lugar, todavia recebeu. Aquela situação inesperada exigiu de Orixalá, além de sabedoria, paciência, e uma visita ao Oráculo de Ifá *Olokun.*

O sábio aconselha-o a prosseguir a sua viagem, porém recomenda incluir em sua bagagem três mudas de roupas *funfun,*[23]

---

22. Para uma visão mais ampla sobre *Orìsàlá* (Oxalá) como amenizador de problemas, ver a história da visita de Oxalá à deusa *Olokun* em RODRIGUÉ, Maria das Graças de Santana. A tolerância dos deuses é diabolicamente fascinante. In: *Último andar,* 2(2), 1999, p. 97.

23. Roupa *funfun* (aso *funfun*) é roupa branca que no Terreiro é a roupa de base para os rituais internos, chamada "roupa de ração". Conforme *Ajibola I Badiru,* Babá-Ifá (sacerdote de Ifá), nascido na cidade de Ibadan, autor de Ifá-

sabão da costa (ossé) e manteiga de karité (orí). A ele, ainda, foi recomendado que durante a viagem tratasse de não desviar do seu caminho. Oxalá é a grande cabeça, o espírito, a força primordial da criação. O grande Orixá *funfun.*

EFÚN ALÁ OPASORÓ

A escolha desses três elementos simbólicos: *efún,* alá e *opasoró,* entre outros que estão presentes nos mitos e nos rituais de Oxalá, deve-se ao expressivo simbolismo que os envolve e à particularidade do uso de cada um. *Efún,* por acompanhar os rituais de passagem, além de ter sido o elemento guia da pesquisa e da experiência religiosa. Aprendi que pó é esse e a apreciá-lo na sua função. *Efún* – pó selador.

O alá, pelo mistério que carrega, portador simbólico de proteção à existência, ao mesmo tempo que demonstra a neutralidade de Oxalá, como pai. Símbolo importante e ambivalente na salvaguarda e *supervivência* de tanta gente. Foi escolhido pela popularidade de sua força simbólica.

O Opasoró, pelo seu embrenhamento misterioso, emblema determinante no mito da origem, com a superfunção de demarcar claramente o conhecido do desconhecido. No ritual público, no *Siré* de Oxalá, ele marca a manifestação do Orixá durante a festa e tem uma beleza plástica digna de ser apreciada.

Um quarto elemento encantador na mitologia de Orixalá é a pena vermelha de papagaio, *ekodidé,* que merece um estudo mais amplo.

Efún é um pó à base de CaO, giz em forma de bolas ou de montanha como fazem os cubanos, porém depois de consagrado

---

Olokun, que ora trabalha em artes plásticas e estuda arquitetura na Universidade Federal da Paraíba, diz em seu livro que "o capítulo (*Ofun*)* que fala sobre as coisas brancas é o mesmo que fala sobre a velhice. A roupa branca é a melhor para fins espirituais. Desse modo, atrai prosperidade em nível espiritual e/ou afasta '*Iku atì Arun'* (morte e doença)". Nesse mesmo texto ele também afirma que o branco vestido nos sonhos é associado ao estado de saúde. Cf. BADIRU, Ajibola I. Ifá *Olokun.* Olinda: Gap. 1989, p. 19. Sobre o poema de *Ofun,* ver ROCHA, Agenor Miranda. *Caminhos de Odu.* Rio de Janeiro: Pallas, 1999, pp. 119-22.

vira elemento ritualístico presente em quase todos os rituais. O *efún* (elemento ritualístico) está sempre presente, especialmente, nos rituais de morte e nascimento. Com um significado amplo, além de proteger, esse pó é "selador" da ancestralidade, conforme afirma Mãe Stella.[24] Espécie de proteção usada pelos iniciados para cruzar o corpo durante o ritual de morte. A palavra que é de origem iorubana significa, também, farinha.

Alá é um símbolo de tão grande significado e ambivalente em sua função que se firmarmos o pensamento na sua direção ele escapa, porém faz verdadeiramente sentido para a salvaguarda e sobrevivência de tantas pessoas. Ouve-se, há muito tempo, que Oxalá mantém o Alá aberto sobre todos os que possuem a vida. O Alá fechado se concebe como metáfora da morte. Estar vivo simbolicamente é conceber-se sob Alá, sobre a proteção de Oxalá, o aspecto viçoso e violento do mistério da Criação. O Alá está associado a um grande pano branco aberto.

O Alá, no contexto da Comunidade-Templo, é elemento ritualístico, símbolo de proteção à vida. Representado por um pano branco imaculadamente limpo, alvíssimo, em tamanho grande, estendido e elevado, ele acolhe o assentamento de Orixalá e os participantes que acompanham o cortejo no dia da procissão do Alá, no Domingo do Alá, segundo domingo do ciclo das *Águas de Oxalá*.

O Alá é representado também pelo "pano da costa",[25] peça da roupa litúrgica que é usada estendida sobre as costas dos iniciados, quando incorporados com o Orixá *Funfun*. Individual e de fundamental importância no vestuário religioso, essa peça é usada pelas sacerdotisas durante os rituais, emblema dos Orixás *funfun*.

Usa-se essa peça para cobrir todo o tronco durante o ato ritualístico de carregar água, na madrugada de sexta-feira das *Águas de Oxalá*.

---

24. Palavras textuais, depois de ter escutado a leitura da primeira versão do texto que escrevi sobre Oxalá. RODRIGUÉ, Maria das Graças de Santana, *Corpo no tempo corpo no templo*, 1992 (mimeo).

25. Sobre a importância e o uso desta peça litúrgica feminina ver SANTOS, Maria Stella de Azevedo. *Meu tempo é agora*. Curitiba: P. Centrhu, 1995, p. 42.

O Alá aparece nas rezas, nos pedidos, nas conversas e no cotidiano das pessoas na Roça. Assim a frase "Que Oxalá te proteja com o Alá" expressa o desejo de a outra pessoa estar bem, bem como reforça a longa vida. O Alá mantém a existência enquanto aberto. Conforme diz Badiru:

> [...] na língua yorubá, sonho significa àlá, que quer dizer "mundo subconsciente". Na concepção dos "búzios" a palavra àlá significa uma visão, uma abertura, um caminho, uma mensagem, experimento e sentimento, tudo isso no nível "subconsciente" como uma *função de explicar,* ilustrar e de educar a natureza humana.[26]

Opasoró é um cetro ritualístico, prateado ou branco-leitoso, consagrado no conjunto dos paramentos de Oxalá. Esse objeto ritualístico aparece nos mitos, como símbolo de determinação da sabedoria em atitude de interposição da massa de ar entre o *Orún* e o *Aiyé.* Cada sacerdote de Oxalufã tem um cetro como emblema das vestes litúrgicas.

Ao longo do ano, esses paramentos sacros permanecem no pepelé do Orixá. No decorrer do ciclo das águas, são limpos e usados em ritual pelos sacerdotes de Oxalufã. Eles o usam para se apoiar quando dançam (com gestos macios e levemente compassados) o toque característico do Orixá, *Ìgbín,* durante o *Siré.*

Nos rituais públicos, a presença do *opasoró* anuncia, para os que desconhecem seu significado profundo, a incorporação do sacerdote de Oxalá. O que simboliza a sabedoria adquirida ao longo de uma grande viagem pela vida é visível e coroado.

O *opasoró* traz no alto, em destaque, a coroa com um pássaro. Conforme Luz, é sinal de realeza e progenitura.[27] Esse cetro é feito de metal branco, prata ou prateado em forma de cajado, com três círculos distribuídos no seu comprimento cheios de balangandãzinhos de cujas bordas pendem objetos feitos do mesmo metal simbolizando fertilidade e progênie.

---

26. BADIRU, Ifá-*Olokun.* Ifá *Olokun.* Olinda: Gap, 1989, p. 9.
27. LUZ, Marco Aurélio. *Do tronco ao Opá Exin.* Salvador: Secneb, 1993, p. 84.

A Casa de Oxalá

No Orún

Orixánilá tem uma Casa no *Orún*, Ilê *funfun*. Em ioruba o nome já diz: é toda branca por dentro e por fora, teto, piso, portas, tudo branco. Não tem cômodos, é ampla com prateleiras por todas as paredes, repletas de bolas brancas feitas de *efún*, as quais têm mais ou menos o tamanho de uma cabeça.

Do lado de fora, junto à porta de entrada dessa Casa Branca (Ilê *Funfun*), vive sentado, apreciando a paisagem da entrada e esculpindo bolas de *efún*, o primogênito de Oxalá, que se chama *Ajalá*, o incorrigível, título que recebeu na época em que passou pelo *Aiyé*. Mas, no *Orún*, seu título se refere à função de modelador de cabeças de *efún*.

O fato mais significativo dessa Casa de Oxalá no *Orún* é que só pode ser visitada com ordens de Orúnmilá, que testemunhou e testemunha todos os nascimentos e mortes. Passa-se por Orúnmilá (Ifá) em consulta ao Oráculo para tratar do nascimento no *Aiyé*. "Do ponto de vista do mito, o passado nunca passou; está sempre aqui e agora." [28] Orunmilá encaminha a pessoa à Ilê *funfun*, com uma exigência: caminhar em direção ao seu objetivo e livre de dúvidas, escolher uma bola de *efún*, um *Orí*, uma cabeça. Orunmilá, o sábio, alerta também que não é necessário saudar a entidade da porta, deve-se passar direto. Esse é o protocolo dessa Casa.

Após a escolha do *Orí* e a saída só há uma direção-transformação: caminhar para o *Aiyé*, preparar-se para nascer.

Os que não atendem ao conselho de Orunmilá e permanecem em dúvida, durante a escolha, acabam consultando a *Ajalá*, o qual conhece todas as cabeças na presença de Orunmilá e deixou algumas para sua diversão. Aos duvidosos, *Ajalá* aconselha pegar a mais brilhante, a maior, e a redonda que pareça perfeita.

Quem escolhe essa bola de *efún* corre o risco de se dissolver no caminho para o *Aiyé*, ou quando nasce em geral tem uma história de vida que exige cuidados constantes. [29]

---

28. CASSIRER, Ernst. *Ensaio sobre o homem*. São Paulo: Martins Fontes, 1997, p. 282.
29. Para aprofundar sobre o tema ver ABIMBOLA, Wande. *Sixteen great poems of Ifá*. Unesco, 1975, p. 180.

No Aiyé

Oxalá tem Casa no *Orún* e no *Aiyé*. A Casa de Oxalá no Afonjá é chamada também de Casa Grande, um divisor de águas, Ilê *Funfun* (Casa Branca). Uma Casa de rituais. Lá se nasce e se morre simbolicamente. A maioria dos rituais nessa casa de fundamento está relacionada a folhas, *omi* (água), obi, *efún, orí,* acaçá, *ekuru,* Alá, *opasoró,* abebé e ao silêncio. Casa que testemunha o exercício das funções sacerdotais e dos cargos vitalícios. Neste mundo *funfun* (morada provisória), a Casa faz um contraponto à morada permanente. Ela reflete a natureza de *Orí,* sempre está de passagem, invisível e em silêncio. Antigo e lento, porém determinado.

A Casa de Oxalá é misteriosa, inteiramente branca por dentro e por fora com portas e janelas azuis. Os tijolos são feitos de terra, barro, areia e cimento. O telhado (duas águas) é de madeira coberto com telhas. Para lembrar aos vivos que se está na Terra, há um cômodo de chão batido, portanto sem piso. Por mais concreta que seja, tudo parece transparente, pois a presença mitológica faz com

Ilé Funfun (vista) do barracão

que a imaginação escape para o invisível. Começa-se por não se poder dizer exatamente quem é o dono. Na frente, mora Iemanjá e no meio, Oxalá. Não se sabe se é Oxalá que mora na casa de Iemanjá ou se é esta que mora na casa de *Oribatalá*. A cozinha é comunitária. O quarto de Axé também. É por onde navegam os "Barcos de Iaô".

Fisicamente, esta Casa comprida, com seus espaços consagrados, atravessada ao longo do Terreiro, serve de morada provisória para sacerdotisas antigas. Nela, ninguém é dono de nada, só de sua própria Cabeça (*Orí*). E é nesta Casa onde mais se saúda e cumprimenta *Orí. Orí àpéré ó, Orí ó!*

Numa extremidade "mora" Iemanjá *Sabá*, Iemanjá *Ògúntè*, Iemanjá *Assesun*, em águas frias, profundas, recatadas em sua fonte cilíndrica. Na outra extremidade, está presente a água com sua temperatura transformadora, pura ou misturada com folhas para banhos, presente na cozinha de Axé, Ilê *idana*, lugar onde se cria o fogo.

O corpo central da Casa é preservado com silêncio, característica fundamental do Orixá da Criação. Espaço adequadamente branco apropriado ao pepelé, peji (altar) lugar consagrado ao assentamento do *Orixanilá*, pai dos vivos e dos mortos. Casa onde se realizam os rituais de passagem.

O interior da Casa de Oxalá é uma espécie de labirinto consagrado, a meu ver, organizado em forma de um corpo deitado na água. Distribuição adequada à natureza de cada ritual feito e refeito constantemente entre os três espaços das salas. Na entrada, uma sala grande para os rituais internos de fundamentos, outra sala de *ajéun* (café da manhã e almoço de preceito) e a terceira que comporta a cozinha com a despensa entre dois corredores. Um corredor longo e outro curto, além dos quartos (moradas de passagem) de *Egbomis* antigas (membros do corpo religioso) e de Axé (espaço iniciático), especialmente habitado de passagem pelos que se submetem ao processo de iniciação.

Podemos também percorrê-la fazendo o caminho do silêncio: tomando a expressão "o silêncio é a mãe da fala". A fonte está no âmbito do que se pode dizer intocável, na silenciosa casa de Iemanjá, na extremidade mais calada. Na outra se localiza a cozinha de preceito do Afonjá, onde cozinhar passa a ser o ritual de preparação do pensamento e do *ajéun* (banquete de Orixá), a comida de Axé.

O calendário litúrgico que indica cada ciclo de reverência a cada Orixá dá o "tom" da cozinha de uma Casa de Axé, determina os elementos ritualísticos que passam por ela e a ciência do preparo. O que passa pela cozinha passa pelo fogo nem que seja de leve, para chamuscar. Um laborar que transmite, traduz e perpetua o espaço consagrado ao fogo e à transformação dos elementos, consagrado ao preparo dos banquetes de Orixás.

As folhas rondam pela Casa do Saber e esta é ativada pela categoria do nascer. O tema perpassa a química, a física, a matemática e a biologia. A arte do fazer com preceito embeleza o processo da transformação com a proposta de organizar a oferenda,[30] com a poesia devida que favorece a existência no contraponto da morte pela transformação.

Há muito tempo, logo nos primórdios, correu a notícia de que Orunmilá (antiga testemunha dos nascimentos no *Aiyé* e no *Orún*), em fase de reorganização da floresta e do balanço da atmosfera no *Aiyé,* quisera conversar sobre o tema com alguém que tivesse conhecimento sobre as plantas. Ossanha, imediatamente, apresentou-se para o diálogo com Orunmilá. Após ouvir o projeto de Orunmilá que versava em torno da retirada de algumas plantas da Terra, ele defendeu a tese sobre a virtude de todas elas. Orunmilá, impressionado com a sabedoria de Ossanha, lhe propôs comparecer três dias depois, acompanhado do seu filho chamado Oferenda e ele (Orunmilá) traria seu filho chamado Remédio, para uma consulta ao Oráculo. A questão se referia à responsabilidade com relação ao segredo das folhas em prol da vida na Terra.

Essa história termina com uma cerimônia de chamado do nome dos filhos de ambos (Oferenda e Remédio). O primeiro a se apresentar foi Oferenda; sendo assim, Ossanha assumiu o título de deus da cura, dono das folhas, Orixá da medicina. Muito tempo depois apareceu o filho de Orunmilá chamado Remédio. Moral da história: para a preservação da saúde, o cuidado é com o preparo e a escolha da alimentação (Oferenda). Os mais velhos são mestres na arte deste fazer.

---

30. Esta história já foi escrita por VERGER, Pierre Fatumbi. *Lendas africanas dos orixás.* Salvador: Corrupio, 1996, p. 75.

A casa de Oxalá ao amanhecer do dia

A COZINHA DE AXÉ

A cozinha de Axé não é uma cozinha comum. Vamos voar pelo seu interior, saudando ao vapor, como uma ave nobre de pequeno porte. Esse passeio pela Casa do fogo privilegia uma visão panorâmica fotografada pelos olhos de uma Iaô, que viveu os primeiros sete anos de iniciado(a), em fase de enamoramento com esse saber.

A etimologia da palavra Iaô mostra com mais clareza (Iá = mãe + owo = segredo), refere-se àquele(a) que está sob a proteção das Iás, em processo de crescimento,[31] aprendizagem. À primeira vista tudo parece muito simples, raramente a cozinha cheira à flor de

---

31. Villoldo, organizador e editor do livro *Millennium: Lampejos do século XXI, uma visão do futuro na concepção dos dezoito cientistas e filósofos mais visionários e criativos do mundo*, ao falar de suas experiências laboratoriais, duran-

laranjeira. A distância, pode-se conceber o processo como de individuação.

Por que reduzir tudo a uma simples sentença? Você nunca irá captar a essência desses conceitos, traduzindo-a para uma mera fórmula de palavras. Pense como um poeta. Pense em termos de metáfora e imagens.[32]

Ao adentrarmos o espaço vital da cozinha, poderemos contemplar a morte que suavemente conseguiu marcar ritualmente sua presença nesse espaço de Axé, entre os sabores, cheiros e vegetais com autoridade transformadora.

A face da morte é inconfundível. O sangue não se move sob a pele e as veias não pulsam mais. Nenhum ser vivo pode ficar tão inerte.

---

te o que ele chama de uma *"odisséia de um xamã na floresta amazônica – 'acuado entre dois mundos' –"* não se conteve e no seu ímpeto de peregrino da ciência, escreveu algo que aprecio muito: *"Minhas experiências 'em campo' foram essencialmente viscerais. O que quero dizer com isso é que o local da experiência situava-se dentro de mim, nas minhas entranhas, de forma sistêmica e emocional, muito mais do que intelectual e cerebral. E no entanto depois de minha volta, descobri que as experiências que preservava com tanto carinho, como uma mulher grávida segurando o seu ventre, subiram à minha cabeça. O que fora algo profundo e intenso em minha consciência perdeu vida (e ganhou outra nuança) ao transformar-se num conceito intelectual"*.

E Villoldo vai mais além em suas reflexões a ponto de sentir necessidade de aproximar-se dos estudos de um *"proeminente catedrático e uma autoridade no campo da mitologia"* quando ele diz: *"Eu me sentia como um herói. O protagonista do mito retornou para cumprir sua responsabilidade social"* e daí em diante ele elabora um pensamento análogo com a jornada do herói: *"Joseph Campbell [...] uma vez definiu dois tipos de atos heróicos. Um, disse ele, é uma ação física, na qual o herói desempenha uma ousada façanha num campo de batalha, ou salva uma vida. O outro, é um ato espiritual, no qual o herói aprende a vivenciar a esfera sobrenatural da vida humana, e depois volta trazendo uma mensagem"*. E o autor brilhantemente comparte do processo pelo qual ele expressa sua mensagem: *"Ninguém tentou me impedir. Comecei a raciocinar"*. Ver VILLOLDO, Alberto. *Os quatro ventos. A odisséia de um xamã na floresta amazônica*. São Paulo: Ágora, 1997, p. 214.

32. VILLOLDO, Alberto. op. cit., p. 121.

A vida assim como a morte é algo visível, e a morte é uma máscara,[33] uma máscara totalmente imóvel.[34]

A cozinha é o memorial de base da arte sacra da Tradição nagô refletida na imagem mítica da floresta de Ossanha, o Orixá das folhas, deus da medicina tradicional de herança africana dos Terreiros. Lugar de muito trabalho e simbolismo. Local onde se adquire conhecimento e se aprende a olhar a existência com outros olhos, a fazer, no dizer dos afro-americanos, a "comida da alma", o alimento do espírito. A cozinha transforma-se num autêntico laboratório farmacológico.

A CASA DO FOGO (ILÊ IDANA)

Na cozinha se aprende a cuidar da longevidade, utilizando os saberes tradicionais africanos. O comer[35] reveste-se de significado especial para a preservação da saúde.

A Água é primordial neste universo temperado. Todos os pratos "quentes" levam água, como preceito da mistura. A cozinha de

---

33. A máscara na Tradição afro tem uma simbologia especial. No Brasil já foi símbolo da Sociedade secreta feminina das mulheres. Conforme afirma Helena Theodoro, "*o uso da máscara significa que eu estou aqui, agora, não falando da minha essência que está aqui, mas que simbolizo outro espaço, um espaço vivo, um espaço invisível que é aqui mesmo, que eu não conheço mas sinto*". THEODORO, Helena. Mulher negra, identidade dignidade. In: *Faraimará*. Rio de Janeiro: Pallas, 1999, p. 286:
34. VILLOLDO, Alberto. op. cit., p. 118.
35. Entende-se, então, por que o corpo vem associado à árvore, chega-se a afirmar que existe uma árvore para cada um que nasce aqui na Terra. Essa associação, tudo indica, refere-se ao processo de transformação e poder da fotossíntese. Quão poderosa é a árvore nesse jogo de amor com o ar, ao incorporar a luz necessária assimilando-a na preservação de seu semblante verde, endeusado pela clorofila. A Árvore é objeto de culto nesta Tradição. Iroco é o Orixá que a representa. Por isso, se encontra no mato sagrado do Terreiro uma, duas ou três árvores com um grande laço branco amarrado em volta do seu tronco. O banquete de Orixá é uma comida preparada para todos. Levando em conta os interditos (*ewo*) alimentares de cada pessoa. Pessoas e deuses ao comerem juntos se tornam íntimos companheiros de jornada. Sem folhas não tem Orixá.

Axé por Tradição é âmbito predominantemente feminino. Ora cheira a milho cozido, ora a feijão-fradinho torrado, ora inhame amassado utilizado para preparar as "bolas" que se oferecem a Oxalá, ora inhame assado, prato predileto também de Ogum. Cheira a camarão seco defumado e cebola recheada no dendê. Cheira a *apeté, agbará* e *omolokun* de Ossun; *amalá* de Xangô, xinxim, acarajé de *Oyá, buburu* (pipocas) de Omolu e acaçá de Oxalá. Todos esses pratos sofisticados são pratos de preceito, comida de Orixá, são conhecidos fora da comunidade religiosa e constituem o cardápio típico da cultura baiana.

A cozinha, vista por um olhar não familiarizado, transforma-se num espaço belo e silencioso, sem o cacarejo das galinhas sacrificadas, com cheiros e calores particulares. Vista por olhares familiarizados, olhares de dentro, é um tempo de preceitos e transformações.

As folhas de bananeira escorregam, como cortinas verdes, nos cantos da cozinha à espera da massa do acaçá ou da do abará. Outras folhas ao entrarem na cozinha são recebidas com cantos e saudações. Elas são masseradas no pilão ao som das vozes que entoam cantos de Ossanha, o Orixá dono das folhas, gênio da transformação, mestre da cura, pai da complexa obra expressa pelo movimento da cozinha.

Nem todo iniciado sabe das minúcias do preparo de uma comida de Axé, porém todo iniciado deveria saber do tratado. O cérebro (a atenção) é o fator mais importante. Só se assimila o que se vê com tempo, dedicação, capacidade adquirida por intermédio de boas mestras, certa habilidade para fazer bolas e certa qualidade de entrega, inteligência e disciplina para atravessar o processo ritual diante de uma cozinha à moda antiga, animada pelo coração dos Terreiros de Orixás.

Em cada ciclo de festa, a cozinha reacende-se com um jeito próprio de cumprir o ritual. O fogo reflete nos rostos das pessoas e muda o semblante do próprio ambiente. Um verdadeiro laboratório iniciático tem seu lugar, e a sabedoria é metamorfoseada.

A CASA DO SABER

Lugar de protocolo, ateliê de criação, laboratório de aprendizagem. Após muitos anos é que se pode dar conta do reconhecimento desse império, como Casa do Saber. Assemelha-se bastante a essas grandes famílias que se reúnem em volta da mesa perto do fogo, uns para esquentar a coluna, outros para cantar, fuxicar, ensinar, aprender e até assombrar.

Após o rito de preparação para a oferenda do animal, o *erán* (carne) é carregado para a cozinha, e com o testemunho do fogo sagrado inicia-se um Tempo de ouro. Um grupo de sacerdotisas passa o dia todo preparando com cuidado ô banquete, que deve estar pronto antes do pôr-do-sol. Preparar o *ajéun* (banquete de Orixá) é a ordem do dia, quer dizer, preparar-se para o rito de oferenda que culmina no final da tarde. Depois da cerimônia do *Pade*, vem a entrega do *inanle*, os pratos de preceito são "arreados" com cantos e reverências, no peji, ao Orixá.

E o saber aparece como um pássaro, que visita o ambiente do vapor a cada dia, carregando no bico o modo de fazer a comida para cada Orixá.

O *ajéun* é preparado de maneira muito especial, desde o colher e catar grãos, cortar e lavar tubérculos, lidar com cada um dos elementos até o cozinhar. Deve-se, também, arrumar com preceito o que foi transformado pelo fogo. A oferenda, parte fundamental do banquete, é realizada com cantos.

A sabedoria fala alto, sobrevoa o interior da cozinha embebida no ar quente evaporado das panelas que fervem e refogam carnes (de cabra, de bode, de porco ou de frango) sobre as labaredas do fogão.

O Axé, nesse meio tempo, se espalha pelo interior da cozinha. É como se as aves pairassem no ar, para serem incensadas pelo cheiro de *Orí* (manteiga de karité) que evapora da comida de Oxalá. No espaço exalam mitos que giram sobre as cabeças das *Iyagbás* (mulheres de conhecimento) que preparam o *ajéun*.

De dia, o cru vai se transformando em cozido, enquanto o saber vai se espraiando. Aprender os preceitos – como Iaô – é uma possibilidade de viver a transmissão e o processo de aprendizagem. Esta se dá não só no cozinhar em si, mas no modo de ser, no jeito nagô de ver o mundo; cozinhar é um método, se aprende uma cosmogonia.

Entre as mulheres que povoam a cozinha, as mais antigas permanecem desde o início, quando se acende o fogo, até a entrega da oferenda ao Orixá.

A cozinha não encerra suas atividades com o banquete. O ritual da oferenda se estende. Depois da comida preparada e entregue, o rito se desdobra com as minúcias ritualísticas por mais um, três, seis, 12, 14 ou 16 dias, dependendo do ciclo que está sendo vivenciado. Também pode haver a presença das Iá *agbassè*, mestras, no preparo da comida de Axé, e de suas eventuais "discípulas" em ritual.

A primeira vinda da Iaô na cozinha não é espontânea, ela vem por curiosidade ou cumprindo ordens. No início, ela assessora uma irmã maior ou a mãe pequena que é a matrona do movimento das relações. Com o tempo pode ser assessorada por outra mais inexperiente que ela. Depenar pombos, galinhas não é problema, a situação torna-se delicada quando a Iaô, por exemplo, treina retirar o cocô dos intestinos de uma cabra. Quando se retira, sente cheiro de vísceras em toda parte.

Cada uma dispõe de uma bacia de alumínio de cerca de 30-40 centímetros de diâmetro, um autêntico adereço de mão. A Iaô parece estar sempre dançando com a bacia, ou melhor, com ela cheia d'água.

Toda Iaô que se preza tem de ter um banquinho baixo, nunca mais alto do que o dos mais velhos, mesmo que jamais o esquente, como se diz popularmente, porque o recém-iniciado pouco se senta, vive à mercê dos recados. Anda "para cima e para baixo"[36] sem parar, olha panela no fogo, dá os recados dos mais velhos, tampa ou destampa alguma vasilha, e o faz cumprindo ordens.

É um fato conhecido que em terras africanas as cozinhas são chamadas de Ilê *Idana* (casa do fogo) e o homem acende o fogo e pega forte no pilão. Aqui ou lá, se cozinha e cultiva a nostalgia do fogo original. Acende-se a fogueira, ainda hoje, nos Terreiros. E nas cozinhas, além do fogão atual, se acende, mesmo que simbolicamente, um fogo de lenha ou um fogareiro. Mas o pretexto é o "antigamente".

---

36. Na Bahia é comum usar a expressão "para cima e para baixo", para referir-se a quem não está ocupado, está sem fazer nada. No caso do terreiro, "para cima e para baixo" significa estar ocupadíssima.

A COZINHA DO AFONJÁ

A cozinha do Ilê Axé Opô Afonjá se assenta na Casa Grande chamada "Casa de Oxalá" (casa do nascimento e da morte ritual). A Água, como representante maior do reino mineral, com toda sua transparência flui pelas torneiras. Sem perder sua pose de rainha, atravessa os estados líquido e gasoso, repousando finalmente em sua cadeira provisória, ora nas bacias, ora nas panelas. Ela chega vestida de mineral, para prestar sua gratidão à existência dos outros reinos, o vegetal e o animal.

A cozinha afro-brasileira no Axé é uma celebração ao fogo, relacionado à saúde e à longa vida. Ela, no entanto, não se apresenta com a mesma face nas sextas-feiras, pois o dendê nem se atreve a passar por lá. Em dias *funfun*, abre-se espaço para os grãos brancos que são cozidos, torrados, triturados ou recheados. Nesse dia, a cozinha empalidece. O fogo de vermelho passa a amarelo, e ela pode cheirar a tudo, menos a azeite-de-dendê. O fogo nesse âmbito é Orixá, fazendo-se presente em nome da manutenção e continuidade da vida, como a insígnia de Xangô, marca de *Oyá*.

As cozinhas de Axé, na maioria das vezes, são pintadas de branco, vivas e iluminadas pela têmpera do vermelho-alaranjado das labaredas que lampejam de onde quer que esteja o fogo. Nesse âmbito, o fogo é o deus da combustão, aquele que permite que tudo o que está no processo de transformação chegue ao máximo da temperatura, limite da combustão que perpassa a maioria dessas matérias. As mulheres são as solidárias na moderação do tempo do calor.

No ambiente do aprender, receber lições é ser digno de ser abençoado. Os espirros das pessoas, de orgânicos passam a sinais. Eles colaboram para estimular e sofisticar o relacionamento espiritual entre os presentes. Aqui se cria um momento de abençoar. Enquanto lá fora se diz saúde, aqui, lugar consagrado a esta, se toma bênção e abençoa quando alguém espirra. Além de se prenunciar que pimenta também é fogo, ela esquenta o sistema respiratório. O mais velho espira, os mais novos tomam a bênção; os mais novos espirram, os mais velhos os abençoam.

Tudo o que é aprendido e ensinado na Casa do fogo (cozinha) é ritualmente abençoado. O Iaô é agraciado logo na entrada com bênção e, no final da tarde antes de deixar o laboratório, deve-se despedir pedindo a bênção aos mais velhos. O crescimento é cumprimentado de ambos os lados; a pessoa que aprende e a que supostamente ensina. O saber é sagrado e o aprender é abençoado.

Não falamos ainda do cheiro orgânico da cozinha. Ela cheira a estômago, cheira a fígado e a intestinos. Cheiro de casco dos pés de cabras sapecados entre o abrir de corpos de coquéns (galinhas-d'angola) e a queima de penugem das cabeças de aves. Entre o retirar de "pontas" de asas e o descascar de cebolas, a cozinha cheira a chifre de bode, às vezes, de cabras; entre os cheiros de vida, quiçá diria cheira também a *Orún*.

Em épocas de chuva, ela cheira a banho de folhas, arejada pelo vapor das panelas que cozinham as massas de acaçá ou preparam o banho-maria para os abarás enrolados na folha de bananeira. Durante o ciclo de Oxossi, o *erán pantere* (um xinxim de vísceras e carne recheada com azeite, cebolas e camarões secos) exala seu ar exótico. Deliciosos mesmo são os xinxins de cabra, de carneiro e de galinha, que vêm acompanhados de bolas de inhame ou de acaçá.

A água, o machado, o carvão e as cinzas são testemunhas vivas desta descrição como também das iguarias preparadas nessa cozinha. O fazer é um ritual litúrgico dos mais delicados, até porque se mobiliza concomitante e intensamente três dos elementos básicos: o amor, a atenção e a intenção. Ele põe em movimento uma ciência da aprendizagem. Cada nação tem seu modo próprio de fazer e redistribuir o Axé.

Em cada ciclo de obrigações, as iguarias sagradas do banquete de Orixá são diferenciadas pelo preparo especial. Assim, às vezes se cozinha ao estilo *gege*; outras vezes sem dendê, sem sal; noutra ocasião, vive-se e come-se segundo os fundamentos da linhagem de *Ossun* (Ijexá). Na época dos protocolos com as cabeças, se come *erán pantere* (comida de Oxossi), e quando chega o ciclo de Xangô, *Iyamassi*, Ossanha Áh!, surge sua excelência, o quiabo, e toma forma de amalá, caruru.

E as raízes, onde estão? Na maioria das vezes estão presentes entre os grãos de milho, longe do arroz, perto das farinhas, com certeza por entre os quiabos. O inhame faz a festa, às vezes se apresenta assado, vestido de alaranjado, banhado carinhosamente com um suave azeite-de-dendê;[37] quando é assim, surge para acompanhar seu amigo *axóxó* (um dos pratos de Ogum à base de milho vermelho) que sempre vem à festa vestido de amarelo e enfeitado de tirinhas quase transparentes de polpa de côco, para bailar por 24 horas na morada de Ogum. O inhame nunca falta, em especial, em volta do xinxim, e de ano em ano aparece completamente separado do dendê, em pratos brancos, arrumado como oferenda em forma de bolas glamourosas no pepelé (peji) de Oxalá.

O *Oriki* de cada Orixá introduz uma linguagem alquímica quanto à obediência da lei do fogo, diante da água, do sal, do mel e do dendê. É uma cultura voltada para o catado, moído, ralado, triturado, fermentado, coado e recheado.

O que é cozido passa mesmo pelo fogo, além de ser aferventado. Alguns pratos são preparados enrolados na folha e cozidos a vapor, como é o caso do acaçá e do abará, pratos que têm gosto de antigamente e ainda hoje são abençoados pelas senhoras colheres de pau. A cozinha, lugar acalorado onde facilmente se escuta a palavra antigamente,[38] não é só a Casa do saber-aprender mas tam-

---

37. Na cozinha afro quase não há fritura, acredito que na cozinha de axé só o acarajé é frito, esse famoso bolo (feito de feijão-fradinho triturado com camarões secos e cebolas) que se come nas praças de cidade de Salvador. Todo tabuleiro de baiana tem: acarajé, alimento dos amantes da *happy hour*. Na Nigéria, na cidade de Ilê Ifé, aprendi melhor a enredada história desse bolo cheio de significado. O acarajé representa os filhos gerados e não criados do Orixá que representa a rainha dos ventos, Iansã – Iá *Messan Orún* – mãe dos nove filhos mortos. Mãe de *Egun*, mãe dos mortos. Fala do feto ainda em estado de formação, ainda envolvido no sangue.

Ninguém, nem mesmo os sábios, nunca souberam realmente por que os filhos dessa mulher de exuberante beleza nasciam sem voz. Sabe-se apenas que foram nove. No mundo do mito não se busca compreender, mas contemplar. Os fetos são simbolizados pelo prato predileto do Orixá *Iansã*. Para os que se espantam com pouca coisa, é magnífico pensar sobre *Iansã* Orixá, a qual ocupa um lugar de destaque entre as veneradas pela sociedade secreta de culto aos ancestrais. Uma homenagem póstuma ao sal, mel (seiva, sangue açucarado) e ao azeite-de-dendê (corpo da luz). Culto ao aspecto masculino da transformação.

38. Volta e meia se escuta: "No meu tempo", "porque antigamente". Será que foi inspirada no antigamente que a Iá Stella intitulou seu livro mais recente de *Meu tempo é agora*?

bém a da memória.[39] "Fazer memória reveste-se de um significado especial, pois permite reelaborar o passado e recriar uma memória que nos ajuda a pensar o futuro."[40]

A CASA DA MEMÓRIA

No Museu do Ilê Axé Opô Afonjá, vasilhas antigas expostas relembram como antigamente as *Iyágbassè* serviam o banquete: cuias de cabaças para as *Iyagbás* e vasilhas de barro para os orixás das florestas. Felizmente, muito ainda se preserva dos tempos mais remotos, por exemplo, as folhas de mamona (*Ewe Lará*) são usadas como prato que também representa a pele de um corpo, durante o ciclo de obrigações de Omolu, Obaluaiê. Nesse dia, bem cedo são colhidas no "mato sagrado". Na cozinha, elas são limpas e arrumadas num balaio, descansam acamadas para que a noite as transforme a fim de serem usadas como pratos durante o *Olubajé*, o grande banquete de preceito ligado ao rei da terra abaixo do solo (Obaluaiê). Nesse caso, as mãos são usadas para levar a comida (o Axé cozido) à boca. Fato esse que remonta a um passado bem distante.

No decorrer dos "14 dias de Omolu", durante o ritual do *Olubajé,* a cozinha revela-se de uma beleza única. O milho d'alho saltita ao som matizado das pipocas que o apresentam com nova roupagem, ele surge como uma flor, e nesse dia chama-se a pipoca pelo seu antigo nome de descendência africana *buburu*. Os montes de *buburu* não só exalam seu olor penetrante, enquanto ventilam ao ar livre sentadas nas peneiras, como também embelezam o visual.

---

39. Bernardo relembra que: *"Halbwachs, quando estudou a memória, não se prendeu à realidade psíquica dos indivíduos, mas se deslocou para as representações e idéias que se constroem no interior dos diferentes grupos sociais. Dessa forma, a memória individual possui uma relação de dependência com grupos dos quais o indivíduo faz parte".* BERNARDO, Terezinha. *Memória em branco e negro: olhares sobre São Paulo.* São Paulo: Educ/Fapesp/Unesp, 1998, p. 30.

40. BRITO, Ênio José da Costa. *Anima Brasilis. Identidade cultural e experiência religiosa.* São Paulo: Olho D'Água, 2000, p. 78.

A velha cozinha cheira a tudo, desde o incenso à fumaça. As panelas de barro são mexidas pelas mulheres com enormes colheres de pau de quase um metro de comprimento e embelezam esse lugar, no qual se cultua a transformação.

O barro, a argila, a cerâmica seguem a Tradição acompanhando a antigüidade das vasilhas da cozinha acrescidas das panelas de ferro e de alumínio atuais. As folhas também são utilizadas como pratos, como é o caso da folha de mamona (*ewe larã*), chamada de folha do corpo, e da folha de bananeira que é chamuscada em fogo vivo para servir de pele para o acaçá e o abará, bolos concebidos como "corpos" mitológicos consagrados na cozinha.

Acaçá, pudim feito da massa do milho branco triturado e peneirado, depois de cozido é enformado ainda quente na folha de bananeira em forma de pirâmide; quando frio e fora da folha, é oferenda de Oxalá. Abará, bolo cozido em banho-maria, preparado à base de feijão-fradinho, camarão e cebola triturados, acrescidos de dendê, enformado antes de ir ao banho de vapor, tem forma piramidal, prato do Orixá *Ossun*.

Atualmente, além das folhas, o serviço gira em torno das vasilhas de nagé, metal, madeira, e das louças brasileira, francesa e até japonesa.

A elegância desta Tradição transparece na originalidade dos menores detalhes. É só apreciar os bordados das batas e das saias de bicões, feitos há mais de 50 anos, em fita e com muita arte. Enquanto as mais novas vestem saias novas para este ritual, as antigas, as mais usadas e velhas. É bastante popular a cena da cozinha com senhoras de 40-60 anos de iniciação vestindo uma saia confeccionada há 40 anos. São saias ritualísticas, com três a seis metros de roda que ao se dançar abrem-se como ondas do mar.

É nele que se pesca, se navega, se mergulha. Se o tivesse visto como viu o Mediterrâneo, o que lhe deu "inspirações", Valéry não resistiria: "Se me deixei levar foi porque um olhar para o possível...". Apressemos o passo, Severino. Esse vento sopra, trazendo de longe a reza longa dos coqueiros, será um rumor de transcendência?[41]

---

41. TENÓRIO, Waldecy. *A bailadora andaluza. A explosão do sagrado na poesia de João Cabral.* São Caetano do Sul: Ateliê Editorial Fapesp, 1996, p. 160.

Os babados estreitos também já se tornaram tradição. Camisa de crioula, o antigo camisu é de praxe. Peça básica, independentemente da cor da saia ou da bata, ele deve ser branco e de preferência bordado, senão é roupa de ração. O charme, o cuidado, o bom gosto de cada personalidade se revelam na qualidade do tecido: fosco ou brilhante.

As cores e o tamanho das "contas" bem como o comprimento e o número de colares usados não são uma escolha individual. Eles adornam o pescoço e codificam o lugar de iniciada; além de expressarem a correlação com o Orixá, falam do seu *Orí* e devotam a hierarquia.

As ferramentas utilizadas na cozinha integram os paramentos (símbólicos)[42] de Orixá. Nela, é necessário que cada pessoa tenha sua faca pequena de descascar verduras. Às vezes a Iaô nem sequer a usa, mas ritualmente a faca ronda emprestada pela cozinha, sendo usada pelos mais velhos. Ao ser consagrada, ela conhece os segredos antes de ser utilizada pela própria dona. Na cozinha de Axé, ao se reverenciar a panela, a faca e a colher, realiza-se um culto ao mistério da morte. Um rito de saudação ao processo de transformação.

Durante o ciclo de Oxalá, tudo nessa Casa (onde se cria o fogo) é balanceado sob o espectro do branco dinamizado pelo som, pelo toque, pelo canto, pela poesia e pela dança, com a postura e o olhar em direção ao oculto da Terra (a água) como origem. A temperatura e umidade das vozes, a comida *funfun* (sem sal, sem dendê e sem pimenta), o movimento e o silêncio interior da origem associado à casa dos pais. Estamos de volta à história do nascimento de *Orí*, quando Orunmilá lançou a questão aos Orixás sobre quem acompanharia os humanos no retorno à origem. O sim foi unânime por parte de todos, mas a mesma unanimidade ocultava um não. Só *Orí* segue a viagem completa.

Falar em morte relembra vida e nascimento, atributos relacionados, próprios da natureza da Casa de *Òrìsànlá*, pai dos vivos e dos mortos. Quando um corpo morre no *Aiyé*, *Orí* viaja oculto

---

42. Certa vez, Sheila Walker, num tom reflexivo, me perguntou: Por que tanta arma, facas e facões nas mãos dos Orixás? Nesse universo nem sempre se tem respostas. Mas, quanto aos emblemas, respondi: representam as ações do processo de transformação. Não são armas, são paramentos de ação. Como os usados pelo Orixá Oxalá: *Opasoró*, abebé.

99

pelos ares e pelos mares, atravessa a fronteira do ar com destino a *Elemí*, ao reino de Obatalá e nasce no *Orún*, onde *Ajalá* é o exímio escultor de cabeças em bolas com argila do *Orún – efún*.

Morrer é involucrar-se nos mistérios do Orixá[43] que transporta o líquido (a água), em prol da continuidade das espécies, do homem, da mulher ou da humanidade, com o guerreiro do fogo. Caminho de transformação.

A seguir as palavras de Muniz Sodré sobre a capacidade de participação que os afro-descendentes têm sobre o fazer e contar história:

> [...] não tem sido evidente para a consciência tradicional do nosso historiador, que costuma avaliar como fonte histórica apenas o documento arquivável, susceptível de datações. Por este motivo, ouvem-se de vez em quando frases do tipo "não existe uma história do negro brasileiro". [...] A "fonte" teórica é, portanto, o ritual – do qual não dá conta nenhum historiador. Existem ademais, as lendas, os mitos, as cantigas, as danças, as dramatizações e os outros elementos da história oral.[44]

O que faremos agora? Saudemos Ossanha? *Ewé Ewé!* Sem dúvida, para esta Tradição detentora de uma tradição oral, em primeiro lugar *Orí*, logo depois, os Orixás. Livres das origens faremos a saudação a *Orí*, em nome das Mães Ancestrais.[45] *Orí àpéré ó.*

---

43. Na tradição religiosa dos deuses africanos, especialmente no Brasil, *"existe um relacionamento próximo entre a pessoa e seu orixá [...] entre os deuses e os homens (e mulheres) percebe-se que as pessoas, assim como os deuses, são indivisíveis, integrados, com características e sentimentos contraditórios: não se verifica, pois, a divisão maniqueísta e excludente do bem e do mal. As características da maternidade são exaltadas com a sensualidade, da mesma forma o ódio com o amor, a raiva com a paciência, a fecundidade com a esterilidade, a juventude com a velhice, a mesquinharia com a generosidade, a tranqüilidade com a ansiedade, a beleza com a feiura, a inveja com a gratidão".* Cf. BERNARDO, Teresinha. As religiões afro-brasileiras. In: *O simbólico e o diabólico.* São Paulo: Educ, 1999, pp. 73-4.

44. SODRÉ, Muniz. Prefácio. In: SANTOS, Deoscóredes (Mestre Didi). *História de um terreiro nagô.* São Paulo: Carthago Forte, 1994, p. 2.

45. As Mães Ancestrais, protetoras do processo de transformação, são Orixás associados ao líquido existente na Terra e no corpo de todos os seres que nas-

Iyá mi Asese
Bàbá mi Asese
Olorun mi Asese
Ti nu àrá mi
Ki nto bo
Orisá aiye
Minha mãe é minha origem
Meu pai é minha origem
Meu Deus é minha origem
Todas as origens em mim
Adorarei antes de qualquer
Orixá neste mundo.[46]

Saudação a Xangô: *Sàngó ló lòde o, Mo júbà re ò. Kábíyèsí.*

---

cem no *Aiyé*. As senhoras das "Águas": Olokun, Nanã (mãe de Omolu, *Obaluaiyê, Oxumarê*); Iemanjá (*Iyé-omo-ejá*) – Mãe de Oxossi, de Ogum, de Xangô; *Iyé Iyé* (Oxum) *IyáOlorí* (Mãe de *Orí*), (Mãe de L'Ogum); Iá-*Messan-Orun* (Mãe dos nove filhos mortos) – representantes dos princípios masculino e feminino.
46. Texto sacro da Tradição, importante tanto para *Lesse* Orixá como para *Lesse Egún*.

Parte II

Âmbito do Orixá das folhas

OXALÁ, O RITUAL E SUA FESTA

Todo calendário é um instrumento destinado a medir e dar sentido ao tempo, fazendo com que aquilo que é de todos os seres vivos seja também (e muito especialmente) algo de cada um em particular.[1]

Nesta segunda parte caminharemos pelo Terreiro, imersos no universo *funfun* com o Orixá Maior. *Oxalá, o ritual e sua "festa".* Em silêncio, no interior da "música – primeira forma de linguagem –, em movimento corporal, posto que o Homem dança ou percute sobre si mesmo, para produzir vibrações",[2] para um mergulho no tema que gira em torno da apresentação do ciclo de obrigações religiosas, "festa" a *Orí, Ritual das Águas de Oxalá,* no Ilê Axé Opô Afonjá.

O Terreiro abriga uma *comunidade litúrgica* fortemente empenhada na manutenção da rica linguágem simbólica, organizada mediante os fundamentos dos mitos e ritos que constituem a chave das tradições herdadas da origem africana. "A epifania simbólica situa-nos, com efeito, dentro de um determinado universo espiritual."[3]

Num primeiro momento, nossa atenção se voltará para o interior do Terreiro em fase de preparação, lugar onde a criação é festejada. Nosso objeto de estudo, o *Ritual das Águas de Oxalá,* será apresentado em seus multifacetados aspectos, o que será aprofundado no Capítulo 3. Neste realizar-se-á uma análise conceitual do

---

1. DAMATTA, Roberto. *Torre de Babel.* Rio de Janeiro: Rocco, 1996, p. 79.
2. BEAINI, Thais Curi. *Máscaras do tempo.* Petrópolis: Vozes, 1995, p. 45.
3. CHEVALIER, Jean & Gheerbrant, Alain. *Dicionário de símbolos.* Rio de Janeiro: José Olympio, 1998, p. xxv.

ritual como rito de passagem, culto que se consubstancia nos ritos preparatórios, ponto de partida do indivíduo para o desconhecido por meio da experiência com o sagrado.

O ritual interno de renovação do Axé apresentar-se-á em toda sua pompa, mostrando sua interface consagrada à vivificação da atmosfera líquida do Orixá Oxalá, no corpo, na vida.

Acompanharemos as transformações ocorridas na paisagem do Terreiro-Templo como conseqüências imediatas da preparação para a entrada no *Ritual das Águas de Oxalá*.[4] Na madrugada de sexta-feira, mergulharemos na "passagem" do ritual interno das *Águas,* o cocuruto cerimonial, compondo nossa travessia pelo âmago sacro do Terreiro em épocas *funfun.* Tempo que caracteriza o ciclo em que as impurezas psíquicas são purificadas, durante a atualização do mito pelo rito que privilegia as águas primordiais. Rito de renovação e de "obrigação" de passagem.

> Nós os observadores, que já não estamos nem vivemos no mito, senão somente adotamos uma atitude reflexiva frente a ele, somos os que traçamos essa separação onde não existe, entre a "imagem" e a "coisa". A "imagem" não representa a "coisa"; e a "coisa", não só a representa, como também opera como ela substituindo-a no presente imediato.[5]

Nessa "festa" com as águas (mares, rios, lagoas, fontes e cachoeiras), os participantes repensam a relação com a vida. Os ritos deixam transparecer hábitos reveladores da fé.

> Na relação de mito e rito, o rito é anterior ao mito. Em lugar de explicar a atividade ritual como conteúdo de fé, como um mero conteúdo representativo, temos de seguir o caminho inverso; o que do mito pertence ao mundo teórico da representação, o que é mero relato devemos entendê-lo como uma interpretação mediata daquilo

---

4. Uma leitura etnográfica preparatória para uma compreensão mais apurada das *Águas* pode ser encontrada no texto escrito pelo *Assobá* mais antigo do Afonjá (sumo sacerdote de culto à *Egungun*). SANTOS, Deoscóredes (Mestre Didi). *História de um terreiro nagô*. São Paulo: Carthago Forte, 1994, p. 54.

5. CASSIRER, Ernst. *Filosofia de las formas simbólicas*. 2ª ed. esp. México: Fondo de Cultura Económica, 1998, v. II., p. 63.

que está imediatamente vivo na atividade do homem e em seus afetos e quereres.[6]

No *Ritual das Águas de Oxalá*, se reverencia a natureza das águas, a fluidez e a função do líquido. Como se sabe, está na base do sistema religioso carregar-se água em ritual para Babá Oxalá. Dias antes, a pintura interna e externa da Casa de Oxalá revela a preparação para a entrada no ciclo das *Águas*, período de preparação quase imperceptível a um observador externo. Gradualmente, a paisagem passa a refletir o tom da festa *funfun*, tudo se reveste de branco.

O aspecto colorido – que normalmente se encontra nas saias rodadas e nas batas das mulheres, no perfil alegre das crianças, na simbologia das cores, nas vestes do povo, na comida com dendê, nas bandeiras coloridas arteadas – vai cedendo lugar ao branco, indícios de mutação e transição do ser, prenúncios da chegada da grande cerimônia religiosa.

O sagrado tem cheiro de festa, cara de festa, ares de festa. Sua realização no âmago da experiência pode personificar-se como um salto no tempo, para o *qualitativo*. Finalmente, no Capítulo 4, nos aproximaremos da função da festa-ritual como um corte *qualitativo* necessário na rotina humana, ruptura de *qualitatividade imediata*.

O *Ritual funfun* carrega no seu bojo histórias sagradas associadas ao branco, comporta três festas públicas, festas-rituais, as quais analisaremos.

Neste âmbito sociorreligioso, tratar-se-á de levantar as bases da natureza ritual das *Águas*.[7] No decorrer do primeiro *Siré*, o rito nos conduzirá ao terreno da "festa" e possibilitará uma leitura do ritual público, o *Siré* de Orixá, como um fato religioso que introduz uma nova ordem, símbolo de integração e *supervivência*.

Os Três Domingos de Festa correspondem ao Capítulo 4, a segunda dimensão do *Ritual, ou seja,* a de mediadora cultural. Nela o ritual interage com o espaço social da cidade, o profano, funcio-

---

6. Cassirer, Ernst. *Filosofia de las formas simbolicas*, op. cit.
7. Vale relembrar uma citação já feita sobre as águas: "[...] *seu destino é o de preceder a Criação e de reabsorvê-la, incapazes que são de ultrapassar sua própria modalidade, ou seja, de manifestar-se em formas*". ELIADE, Mircea. *Imagens e símbolos*. São Paulo: Martins Fontes, 1996, p. 152.

nando como limiar entre as dimensões (a sagrada e a profana). Esse capítulo se volta para a expressão solidária do instante de encontro da sociedade soteropolitana com a comunidade religiosa da Tradição dos Orixás. O perfil do encontro se manifesta quando o *Ritual das Águas de Oxalá* apresenta-se como mediador cultural, pelo rito do *Siré*.

A força da "festa" se faz presente na dança, no canto, nas rezas e com os atabaques que, unidos, entrelaçam-se com o corpo de religiosos formando a rede da linguagem simbólica que se eterniza na memória do Brasil em diálogo do antigo com o novo, atrelados a *Orí*.

O desenlace cultural das *Águas* transborda pela rede de símbolos de dentro do Terreiro pela cidade afora. Sua relevância está presente na organicidade do conjunto que compõe o ambiente sagrado do Templo e seus símbolos. Sem perder de vista o conjunto, a dança na comunidade será analisada como uma qualidade de oração, tempo do acontecer da *festa-ritual*, nos *Três Domingos* de Oxalá.

O *Siré* de Oxalá é cada uma das três festas-rituais que se realiza no final de cada um desses domingos, no Barracão de *festas* públicas, dentro do Terreiro, durante o ciclo de obrigações religiosas de abertura do calendário litúrgico dos Terreiros de Tradição dos Orixás.

Durante o *Siré*, os iniciados dançam em círculo, os atabaques dobram o toque, as sacerdotisas sagradas entregam-se a uma experiência totalizante; levadas pelo contexto consagrado do ciclo de "festas", mergulham no fundo do seu próprio mistério ao enfrentarem monstros marinhos, sereias, caracóis – emergem em espiral com os Orixás incorporados, para dançar o *Siré* no *Aiyé* – no espaço social do Terreiro – salão de "festas", espaço consagrado aos deuses africanos, confirmando uma vez mais que "na festa reencontra-se plenamente a dimensão sagrada da Vida".[8]

O *Siré* é um ritual integrador da dimensão espacial, mítica, social, espiritual e ainda gerador de sentido. O *Siré* é um símbolo de passagem dupla, uma espiritual e outra mediadora. A força mítica do *Siré* nos permite identificá-lo como portador de uma natureza simbólica.

---

8. ELIADE, Mircea. *O sagrado e o profano*. Lisboa: Livros do Brasil, s/d, p. 77.

O estudo do *Ritual das Águas de Oxalá* possibilitará conhecer mais de perto a complexa Tradição afro-religiosa, presente especialmente na Bahia, e ajudará a compreender uma das matrizes da cultura e religiosidade brasileira: a Tradição dos Orixás. "Finalmente estamos redescobrindo o Brasil como um país que vale a pena e tem jeito."[9]

O acervo das distintas culturas africanas nas Américas, presente na cultura baiana, funciona como veículo principal para conservação de elementos etnoculturais brasileiros preservados pela religião dos Orixás. "A religião dos Orixás é a ciência de deixar Deus fluir através de você, transformando assim sua vida inteira em uma oração. Assim, quando Deus respira, você respira."[10]

As experiências religiosas ao liberarem energia (forças do intestino, do fígado, das vísceras) qualificam a individualidade do ser humano. O Axé é carregado pelos vivos desde o seu nascimento. Qualificação que reflete na amplidão do país.

O país é também marcado por energias espirituais que se manifestam numa impressionante pluralidade de fés. As diversas experiências religiosas acabam se visibilizando nas mais diversas religiões.[11]

Essas categorias poderão ajudar na compreensão de uma das mais belas celebrações do Orixá Maior da religião dos Orixás, que se transborda para fora dos Terreiros: *Ritual das Águas de Oxalá.*

---

9. DAMATTA, Roberto. *Torre de Babel.* Rio de Janeiro: Rocco, 1996, p. 80.
10. BARBOSA, Jorge Morais. *Obí, oráculos e oferendas.* Olinda: Gap, 1993, p. 24.
11. BRITO, Ênio José da Costa. *Uma crítica à globalização a partir da energia: solar e religiosa,* 1999, p. 9 (mimeo).

3 O RITUAL DAS ÁGUAS DE OXALÁ NO TERREIRO

Uma das características do momento de hoje é que essas dimensões do social e do espiritual estão se aproximando, se juntando; às vezes uma mesma pessoa está integrando ambas as dimensões de dentro de si.[1]

No Ilê Axé Opô Afonjá, em cada mês de setembro abre-se o calendário litúrgico das obrigações religiosas de fundamento do *Odu* (caminho), cultivo e redistribuição do Axé, com o ciclo das *Águas de Oxalá*, ritual anual de purificação, renovação. Pode ser considerado "rito de passagem",[2] ponderando uma iniciação coletiva, na qual cada um é um e único, porém o conjunto dos participantes configura-se como passageiros de uma só viagem: *Ritual das Águas de Oxalá*.

O tempo das *Águas de Oxalá* é o ciclo que reverencia a presença primeva da Água[3] na fonte primordial. Ela se apresenta em

---

1. UNGER, Nancy Mangabeira. *O encantamento do humano, ecologia e espiritualidade*. São Paulo: Loyola, 1991, p. 60.

2. Nos ritos de passagem, ainda que seja breve, "*o indivíduo faz uma experiência global da vida social, reencontra o valor absoluto da existência e descobre a sua própria responsabilidade social. Os ritos de passagem são ritos que acompanham qualquer mudança de lugar, de estado, de posição e de idade da pessoa e são marcados por três fases fundamentais, que procuraremos realçar neste estudo: fases de separação, marginalização e incorporação.*" Ver MARTINEZ, F. Lerma, op. cit., p. 87.

3. Tema ritual que inicia e encerra o calendário litúrgico do Terreiro, do *Ritual das Águas de Oxalá* ao Ritual do Presente à Iemanjá e *Ossun. Iye-omo-ejá*, Mãe dos filhos que são peixes, Orixá das águas salgadas (mãe de *Ossun*), associada às águas dos mares. *Ossun – IyáomiOlorí* (mãe de *Orí*) – Orixá das águas doces associadas aos rios, lagoas e cachoeiras.

todos os rituais na Religião dos Orixás. A água é enobrecida na abertura do calendário, com os ritos de Orixalá, como procedência de *Orí* no *Aiyé* – *Iá Omi Olorí* – mãe de *Orí*, uma antiga divindade das águas,[4] a deusa que se assenta na fonte de origem, simbolicamente, um banco, cadeira[5] de espelho no umbigo do mar, no seio das Águas, lugar simbólico da transformação. Mãe Ancestral.

> Qualquer que seja o grupo religioso de que façam parte as águas, conservam invariavelmente as águas com sua função: elas desintegram, eliminam as formas, "lavam pecados", são ao mesmo tempo purificadoras e regeneradoras.[6] Como também tudo que é forma se manifesta acima das águas, desprendendo-se delas[7].

Stanley Keleman completa estas idéias afirmando:

> [...] para compreender a forma humana, é essencial compreender as propriedades da água. [...] Ela se transforma formando células com fronteiras que depois se fazem sangue, fluidos tissulares, linfa, suor, urina, sêmen, fluidos vaginais, fluidos espinhais e articulares, lágrimas, sucos digestivos e hormônios.[8]

Este processo está na base do mito da criação na cosmogonia iorubana e em seus descendentes na diáspora africana pelas Américas.

A celebração do Orixá é precedida de uma meticulosa preparação. A Casa de Oxalá é a primeira a ser limpa e pintada de branco por dentro e por fora. Esse cuidado perpassa o ritual, o corpo das pessoas e o de religiosos do Terreiro. A preparação e a organi-

---

4. Segundo o professor Gambini: *"Isso é sabedoria que está no Brasil. [...] E nós temos uma divindade chamada Oxum, que é a deusa dessas águas. [....] E temos uma religião africana que trata disso com a sua divindade. Quer dizer, se o Brasil estivesse em outro ponto, não ficaria só em Nossa Senhora Aparecida, incluiria Oxum na consciência, como uma representação simbólica do amor pelas forças da natureza e de sua sacralidade. [...] Temos tudo que precisamos e não sabemos usar. Todo esse conhecimento é renegado por nós...".* Ver DIAS, Lucy & GAMBINI, Roberto, op. cit., pp. 198-9.

5. Esta cadeira no Ilê Axé Opô Afonjá é estritamente feminina, por fundamento.

6. ELIADE, Mircea. *Imagens e símbolos.* São Paulo: Martins Fontes, 1996, p. 152.

7. ELIADE, *Tratado de história das religiões.* São Paulo: Martins Fontes, 1998, p. 173.

8. KELEMAN, Stanley. *Anatomia emocional.* São Paulo: Summus, 1992, p. 73.

zação se dão também numa dimensão interior. Preparação observada no cuidado com as roupas que serão usadas no tempo da festa. Roupas ritualísticas ou não. A tradição africana trata a dimensão espiritual com delicadeza.

Um mês antes já se vêem, à beira das casas, no interior do Axé, saias brancas rodadas, com palas e babado estreito franzido na barra, estendidas nos varais. As anáguas entram na goma. Quem não sabe engomar anáguas aprende ou contrata este trabalho. Os mais antigos são mais prevenidos quanto aos preparativos. Engomam as batas, lavam os camisus, alvejam os lençóis brancos. Os que moram fora do Terreiro cuidam desses detalhes, em geral, na semana do ritual.

Os costumes antigos sempre são passados à nova geração. Os mais velhos contam que antigamente os iniciados aprendiam também a fazer a goma e engomar com ferro de passar a carvão toda sua roupa de ritual. Os mais novos se espantam ao ouvir essa história e boquiabertos agradecem ao tempo por este já ter passado. "O olhar sobre a História vivida traz um convite para pensar na História a ser construída."[9]

Em *Águas de Oxalá*, o vestuário litúrgico deve estar alvíssimo e muito bem cuidado. Não se anda com roupas manchadas, que não estejam em perfeito estado; elas devem estar imaculadamente brancas, alvas. O *quarto das malas* de Orixá, local em que só os iniciados têm permissão para entrar, fica no âmbito interno do salão de cerimônias públicas. As *Egbomi,* ao visitarem esse quarto, reorganizam as Arcas de "Orixá", as quais guardam as roupas ritualísticas. Três conjuntos de roupas brancas são básicos para cumprir os 16 dias de *Ritual das Águas de Oxalá.*

As casas na cidade refletem o branco das roupas que secam nos quintais ensolarados. Por três meses, mais e mais pessoas se vestem de branco, pois, quando alguns Terreiros estão iniciando as *Águas,* outros estão terminando o ciclo. Tudo recomeça em janeiro, quando o branco se faz presente ostensivamente nas festas populares.

Entre os que se vestem de branco há aqueles que optam também por sapatos ou sandálias brancas e, se for o caso, bolsa. As bijuterias ou jóias se alternam entre a louça, o marfim, a prata e os prateados.

---

9. BRITO, Ênio José da Costa, op. cit., p. 89.

Resguardam-se do preto e vermelho nas vestes, suspendem os excessos. Na quinta-feira que antecede o ritual, dia dos ritos preparatórios, os que vivem na Comunidade-Templo pouco a pouco vão entrando no clima do jejum. Quando este dia cai após 27 de setembro,[10] os que estarão envolvidos com os ritos de Orixalá se alegram e esperam avidamente por um convite para comer caruru, uma vez que passarão três semanas sem comer dendê. Porque os que carregam água em ritual só devem comer "comida branca", na qual não entra sal, sangue e dendê. Sal só em casa com moderação. Ele não é ingrediente da comida de Axé durante as obrigações com Orixalá. Os amigos tomam conhecimento dos fatos religiosos, não carregaram água, mas acompanham o jejum, usam branco nas vestes e se alimentam pensando na ausência do dendê. "As divindades e os poderes divinos atuam no aqui-e-agora, no presente, intervindo em nossas vidas e sendo experimentados na vida cotidiana."[11]

O prenúncio visual da celebração é dado pelos varais e o anúncio de que o Terreiro vai entrar em "festa" pelo cheiro de folhas no ar.

QUINTA-FEIRA, VÉSPERA DO RITUAL

Ritos preparatórios

No Ilê Axé Opô Afonjá, o entra-e-sai de gente só cessa ao anoitecer. Nos semblantes receptivos dos mais antigos deixa-se transparecer o dia de alegria, dia de expectativas, tempo de encontros. Os religiosos que moram no Templo já começam a vestir cores mais leves. Os sacerdotes que estão em rito interno organizando os elementos litúrgicos no *pèpéle*[12] de Orixalá, para o ritual, já estão de branco.

---

10. Na Bahia, o dia de Cosme e Damião é muito celebrado. É dia de comer caruru em reverência às crianças (aos Ibeji) e com crianças, especialmente se forem gêmeas. É uma festa que faz parte da vida baiana. O principal prato servido é feito com quiabo, camarão e cebola, regado a azeite-de-dendê.
11. BOTAS, Paulo. *Carne do sagrado. Edun Ara. Devaneios sobre a espiritualidade dos orixás.* Petrópolis: Vozes, 1996, p. 22.
12. *Pèpéle* – lugar sagrado –, peji, como altar de Orixá. *Pèpéle* significa banco de areia ou de barro. A extensão desse termo ainda é associada à cadeira da autoridade que na função sacerdotal representa a *Iá* (Mãe).

114

Todas as pessoas ligadas ao terreiro e que têm a obrigação de estar presentes chegam na véspera, na tarde da quinta-feira, para fazer um bori com obi, a fim de que suas cabeças estejam em estado de pureza.[13]

A orientação geral, a qual se estende aos participantes que moram fora do Terreiro, da cidade, do estado, do país, ou vêm de viagem é chegar por volta do pôr-do-sol, de posse dos objetos ritualísticos necessários.

Durante o ciclo, os que vivem no Ilê Axé Opô Afonjá recebem os amigos em suas casas. Estas, como extensão do espaço sociorreligioso do Axé, transformam-se em verdadeiras microcomunidades, dentro da Comunidade maior. Na maioria são filhos de "cabeça", sacerdotes de Orixalá, os que têm Oxalá como "Orixá de frente". Eles são os primeiros a chegar, para entrar *em obrigação*.[14] São eles os que andam para cima e para baixo entre objetos de Axé e sacrários, em função sacerdotal, cuidando dos últimos preparativos para a celebração. No âmbito profano do Terreiro mais pessoas chegando. Sacolas e bagagens são arrumadas entre saudações e conversas.

Cada convidado traz pelo menos uma muda de roupa ritualística incluindo um ojá de cabeça, um lençol, travesseiro e fronha brancos. E ainda uma quartinha (jarra de barro), um obi *ifin* (obi *branco) e* três esteiras novas, sendo uma trançada em palha e duas de taboa. À noite, estas esteiras servirão para delimitar, em ritual, o espaço de descanso individual.

Cada *Olosun* (sacerdote, sacerdotisa, iniciados na Tradição dos Orixás) já tem organizado seus objetos ritualísticos de uso pessoal. Para os iniciados que ainda não completaram sete anos de *obrigação* são dois ojás, um para a cabeça e mais o ojá de peito. Um ca-

---

13. VERGER, Pierre Fatumbi. *Notas sobre o culto aos orixás e voduns*, 1999, p. 430.
14. O termo "obrigação" quando usado no Terreiro vem sempre acompanhado de preposições (em, de), pois está dedicado exclusivamente a um tempo ritual, quer dizer, não está disponível para realizar outras atividades. Assim quando se diz que alguém está "em obrigação" ou "de obrigação", significa que está ou vai entrar em ritual e não pode ser interrompido com notícias, recados ou informações. Quando minha primeira neta nasceu, eu estava em obrigação, quer dizer, não soube do nascimento imediatamente.

misu,[15] uma saia branca sem enfeites, para as mulheres. Bata só para as *Ebomi*. Para os homens, um conjunto de roupa (calça, abadá curto e *filá*). O mesmo para os que carregam água pela primeira vez. O lençol que representa o Alá, para alguns substitui o pano-da-costa, peça imprescindível nesse ritual.

Os cumprimentos aos irmãos, aos amigos se estendem por uma visita à casa dos mais velhos, enquanto se caminha pela Roça e a noite se aproxima. Nesse dia é comum, entre os mais antigos, contar histórias sagradas (como o mito das águas) de Oxalá aos mais novos. Escutei muitas dessas histórias nesses dias.

No decorrer da experiência, as pessoas se emocionam, mas à medida que entram na atmosfera ritual se acalmam e vão dando respostas às suas situações existenciais.[16] Mais tarde se apresentam à Ialorixá, que está na Casa de Xangô, em seu trono, acolhendo os que chegam para o cumprimento de praxe e para receber as bênçãos. Os participantes se apresentam excitados e falantes para o rito, mas gradualmente certa tranqüilidade se faz presente.

Ao participar do *Ritual das Águas de Oxalá*, cada um vai prestigiar o Orixá Maior e ao mesmo tempo restabelecer a sua proximidade com o *Orí* pessoal. A comunidade está pronta para reverenciar os Orixás *Funfun* e fortalecer o Axé da Casa.

Os ancestrais já foram ritualmente comunicados da abertura que se fará com as Águas. Os ebós (ritos de limpeza de corpo) já foram realizados, os *bori*[17] dos sacerdotes de Orixalá também já

---

15. Uma espécie de camisolão folgado, abadá feminino, de comprimento abaixo dos joelhos, usado pelos nagôs, semelhante ao traje nacional da Nigéria. A roupa ritualística é um dos temas que Mãe Stella de Oxossi desenvolve com primor no seu livro, *Meu tempo é agora*, dedicado aos filhos dessa Tradição. Contou-me ela ter escrito esse livro para falar de alguns dos detalhes com os iniciados e optou colocá-los por escrito.

16. DaMatta relembra: *"Nos ritos de calendário, como essas festas de final de ano, traçamos a linha que separa o tempo vivido do tempo a viver. Tempo dividido que garante a mudança e, com isso, a diferença que nos livra daquele negrume da morte e da eternidade. Criando singularmente – cada ano tem uma singularidade e uma marca –, inventamos a memória e, com ela, a história que oficializa o tempo, fazendo-o nosso".* DAMATTA, Roberto. *Torre de Babel*. Rio de Janeiro: Rocco, 1996, p. 79.

17. O ritual do *bori* é de extrema importância para a Tradição, ninguém melhor que a Ialorixá para apresentar esse rito enredado de fundamentos. Mãe

Uma nuvem de chuva sobre a mata sagrada

foram cumpridos. A ancestralidade é uma referência de relevância nesse ritual, pois os acontecimentos pretéritos ficam sob tutela dos ancestrais. No corpo, o passado é associado às costas, à coluna vertebral, marco consagrado à história já vivida.

No Axé, todas as providências já foram tomadas, os preparativos para o *Ritual das Águas* entram em fase final. Os *Ebomis* estão em ritual interno, organizando a base do novo *pèpéle* (espaço sagrado) na Cabana, espaço-chave do ritual em preparação. Outros preparam o banho de folhas[18], o chamado *banho de rua* que antecede o ritual do *borí*. Outros estão catando milho branco ou enrolando papa de milho branco na folha chamuscada de bananeira, preparando acaçá. Alguns, pacientemente, acolhem os que chegam. Como vimos, neste ambiente ritual, tudo muda de cor.

Stella dedica seis páginas do seu livro a esse ritual que também é de renovação. E inicia o texto dizendo que *"O borí é uma cerimônia de grande significado litúrgico. É a adoração da cabeça, realizada pelo conjunto de oferendas, cânticos"*. SANTOS, Deoscórecles, op. cit., p. 62.
18. O banho de folhas é um rito que reflete o tom da preparação para a entrada real no ambiente consagrado.

Todos os filhos da casa estão presentes e entram de "obrigação" para o ritual de borí, este é o ritual que se faz com a fruta chamada Obí e água, rito preparatório para carregar água, quando se enche as vasilhas de água, matéria primordial de tudo que nasce, e se leva ao pejí de Oxalá na Cabana, para renovar o ciclo da vida.[19]

Ilê funfun e porta lateral do barracão de "festas"

---

19. SANTOS, Deoscórecles, op. cit., p. 54.

À noite, ao vestirem-se de branco e entrarem em ritual de *borí* (*Obí* à cabeça), o clima é de silêncio, vão todos dormir recolhidos. Fumaça de alfazema exala pelo ar.

Os que participam pela primeira vez com certeza se questionam: O que estou fazendo aqui? Para que vou dormir nesse ambiente completamente estranho? O que me espera?

Nos rituais, o contato com a cabeça dos indivíduos permite a união de três forças: orixá, orí e pessoa numa grande cadeia, que a todos interliga. Essa reunião de forças renova o axé da casa e de cada um.[20]

A oferenda à cabeça em ritual de *borí* é uma cerimônia de honor ao *Orí* de cada pessoa que está *de obrigação*. Rito interno, obrigação religiosa. Tempo de silêncio. A partir daí só se fala o estritamente necessário.

As *Águas* se iniciam com o ritual do *borí,* adoração da cabeça, quando todos os fiéis se fortalecem, com oferendas ao *Orí* individual.

Todos os participantes (sacerdotes e convidados), homens, mulheres e crianças, já estão de banho tomado, vestidos de branco com o *obí* no topo da cabeça, e esta envolvida com o *ojá* branco amarrado em forma de torço ao estilo do rito. "[...] depois desse *borí*, vão se agasalhar, até que são despertados pela Ialorixá para iniciarem o preceito das águas."[21]

Nessa noite curta, que para muitos parece não passar, se ressona entre muitos. Os que vão dormir na Casa *funfun,* por tradição as mulheres, já se preparam para descansar o *Orí.* Cada pessoa abre suas esteiras, orienta-se no espaço ambiente a partir de sua "cama" ritual, deita-se, sossega a cabeça no seu travesseiro e cobre-se com seu lençol branco.[22] Todos estão convictos de

---

20. ROCHA, Agenor Miranda.

21. SANTOS, Deoscórecles, op. cit., p. 54.

22. Esse espaço de tempo é especial, visualiza-se aí a entrada no processo ritual. Momento que fica clara para o iniciante a fase de *separação*, e tem início um dos momentos mais marcantes, quando cada um recolhe-se na esteira para descansar o *Orí* com o obi na cabeça – longe do seu jeito habitual de viver, entre estranhos ou muito só. Ninguém escapa dessa festa, algo novo ocorre nessa meditação.

que o âmbito da esteira delimita um território particular, do corpo consagrado ao rito e sua entrada no tempo do mito que se abre para experiências profundas.

Contentemo-nos em lembrar que um mito retira o homem do seu próprio tempo, de seu tempo individual, cronológico, "histórico" – e o projeta, pelo menos simbolicamente, no Grande Tempo, num instante paradoxal que não pode ser medido por não ser constituído por uma duração. O que significa que o mito implica uma ruptura do Tempo e do mundo que o cerca; ele realiza uma abertura para o Grande Tempo, para o Tempo Sagrado.[23]

Participar do *Ritual das Águas de Oxalá* é reviver a história sagrada em obrigação religiosa, na sexta-feira do ritual com as *Águas,* com o rito de nascimento de *Orí* no *Aiyé,* ritual de renovação.

Aí, que maravilha! Água pura, doce, virgem e potável. Lembra a água alquímica da transmutação de essências e de purificação da matéria decaída, de renovação da vida.[24]

É cumprir os fundamentos do ritual de renovação como rezam os preceitos: acordar de madrugada, carregar sua moringa, quartinha de barro cheia de água na cabeça por três vezes, da fonte de água doce à Cabana de Orixalá. Como diz o mito: banhar Orixalá, o Orixá maior, pai dos vivos e dos mortos.[25] Continuar vestindo

---

23. ELIADE, Mircea, op. cit., p. 54.
24. Ver DIAS, Lucy & GAMBINI, Roberto, op. cit, p. 198.
25. Orixalá, na sua função arquetípica do pai, protetor que não faz diferença entre um ser vivo e o não-vivo. A proteção de um sábio nesta Tradição – significa o mais velho, mais experiente – é fundamental para iniciar-se no processo de crescimento individual, entrada no mundo desconhecido. O ancestral está na base da civilização iorubana, chega antes daquele que vai nascer, vem como protetor de retaguarda dos que possuem corpo. *Orí* é o primeiro ancestral individual de cada ser humano que nasce no *Aiyé.* Nesta Tradição, o indivíduo após o nascimento faz o caminho do símbolo arquetípico do filho, representado pelo guerreiro mais antigo, Ogum, aquele que nasce para testemunhar a vida dos pais e dar sentido. O culto aos ancestrais aparece como traço difuso que determina a vida religiosa e social. Ogum apresenta-se como aquele que abre os caminhos – símbolo arquetípico de guerreiro do sangue –

branco por 16 dias, acrescentar *egbò* (milho branco cozido) na primeira alimentação, desjejuar em silêncio, com mingau de acaçá. E mais, dançar *Ìgbín*, batá e *ijexá* com o Velho Orixá em ritual por 16 dias, desde as primeiras horas da sexta-feira que se aproxima. Após a meia-noite, qualquer hora pode ser a hora de acordar.

No meio da madrugada, muito antes de o dia nascer, acorda-se no bojo do *Ritual das Águas de Oxalá*, que se faz "presente" durante as três viagens que o participante realiza, da fonte de água doce à Cabana de *Orisànilá* – Orixá maior – carregando uma quartinha com água acima da cabeça para banhar os assentamentos do Orixá. Todo o mundo tem Oxalá e, junto com ele, o *Orí* de cada pessoa presente, o Orixá *agbá,* (antigo) revive a Criação ao iniciar o ciclo das *Águas de Oxalá.*

A presença da *água* é uma constante na vida assim como em todos os rituais no Ilê Axé Opô Afonjá. Ela *é uma dádiva que temos debaixo do solo,* representa a natureza procriadora, a primeira, a matrona. Consagra a origem e celebra nossa capacidade divina para nos transformar.

Sexta-feira das "Águas de Oxalá"

Nas primeiras horas da manhã, o participante se levanta vestido de branco com o obi no *Osu* (alto da cabeça), protegido com o turbante branco, um ojá em volta da cabeça amarrado ao estilo do ritual. Silenciosamente, enrola sua esteira, guarda o travesseiro e em jejum segue o fluxo dos que se dirigem à Casa de Oxalá. Com a quartinha, junto ao corpo e protegido pelo lençol branco, como um xale envolto no tronco cobrindo o corpo, se encontra em ritual.

Em plena madrugada,[26] ninados pela frieza do alvorecer, os participantes buscam cuidadosamente um lugar no interior da sala

---

o mais antigo desafiador da natureza feminina. É importante levar em conta que na história mítica de Ogum ele é quase irmão gêmeo de Exu, seu irmão mais velho. Para aprofundar o significado de filho: aquele que vem para acompanhar os pais de retorno à origem. ABIMBOLA, Wande. *Sixteen great poems of Ifá*. Unesco, 1975.

26. No ambiente ritual do Terreiro o relógio não dita o tempo, no entanto, tudo se desenvolve com extrema precisão. Nesse momento de cerimônia, toda

da Casa de Oxalá sob a penumbra[27] da luz da Lua. A claridade não é suficiente para enxergar o semblante de quem está ao lado, se vêem apenas vultos vestidos de branco. E, à medida que a casa vai se enchendo, o espaço se aquece com a temperatura humana de cada corpo vivo que respira.

Num silêncio sepulcral, os sacerdotes se declinam sobre o piso em reverência à Terra, e os participantes iniciantes conforme percebem o "vulto" ao lado se abaixar, em união ritual, se declinam também e num primeiro gesto coletivo entram no tempo do mito[28].

---

a preparação anterior marcada por pequenos ritos começa a fazer sentido. A madrugada de sexta-feira constitui-se no ápice do *Ritual das Águas*, ritual de renovação sem dúvida, mas também um ritual de passagem. Os estudos de Van Gennep que fundamentam teoricamente os trabalhos de Victor Turner em sua pesquisa sobre rituais, ao se referirem às três fases dos ritos de passagem, a *separação*, a *limiar* e a *agregação*, nos ajudam a compreender bem este momento. Para Turner, "*a primeira fase de separação abrange o comportamento simbólico que significa o afastamento do indivíduo ou de um grupo, quer de um ponto fixo anterior na estrutura social, quer de um conjunto de condições culturais (um 'estado') ou ainda de ambos*". Ver TURNER, Victor, op. cit., p. 116.

27. A separação se dá como fase de processamento de significação da estranha situação em que alguém ou o grupo se encontra, é uma etapa primeva como se sabe, "*abrange o comportamento simbólico de um indivíduo, de um grupo, de um conjunto de condições culturais ou ambos*". (1) E esse novo ato de significar exige do indivíduo uma atitude nova diante da chance de se entregar à aventura da travessia. Fato que requer coragem. Não só a coragem de Kierkegaard e Nietzsche, Camus e Sartre quando afirmam que a coragem "*não é a ausência do desespero, mas a capacidade de seguir em frente além do desespero*". (2) Nessa fase poder-se-á ir além da dialética que envolve a coragem, entre a convicção e a dúvida. O momento exige a *coragem criativa* de Rollo May, admitir possibilidades de criar e duvidar. A *coragem criativa* é "*a descoberta de novas formas, novos símbolos, novos padrões segundo os quais uma nova sociedade pode ser construída*" (3). Ver (1) TURNER, Victor, op. cit., p. 116; (2) e (3) MAY, Rollo. *A coragem de criar*. Trad. Aulyde Soares Rodrigues. Rio de Janeiro: Nova Fronteira, 1982, p. 19.

28. A segunda fase se dá quando o participante está desprovido de todos os seus símbolos familiares e, como já referido no texto, *entra no mundo do mito*. Esta fase traz no seu bojo um convite a opções, descritivamente, pode-se dizer que coloca as pessoas numa encruzilhada e as convida a se movimentar. Dado que não deixa de ser complicado para um rito iniciático. Esta fase, chamada *estado limiar*, corresponde a um período crítico, a uma verdadeira tomada de consciência, a percepção de que "*as características do sujeito são ambíguas passa através de um domínio cultural que tem poucos, ou quase nenhum, dos atributos do passado ou do estado futuro*" e por isso assustam. Ver TURNER, Victor, op. cit., p. 116.

122

Juntos, à meia-luz, compartem a vivência, fazendo desse tempo o ápice da fase inicial do *Ritual das Águas de Orisanilá*. A *Ialorixá* retira o assentamento *àjobo* de *Òrìsánlá* do *pèpéle* sob o ressoar de uma chuva ritmada pelos *paóos*, palmas batidas numa cadência especial. Essa vasilha branca, cabaça que contém os Axés de Oxalá, é o símbolo coletivo por excelência referente à matéria de origem pertencente ao branco primordial de existência genérica associada aos elementos ar e água. Os Axés de Oxalá são ritualmente carregados pela Ialorixá, acompanhada de três sacerdotisas da cúpula do *Egbé* ao som das palmas lentamente ritmadas; caminham em espiral, ao completarem três voltas no interior da sala de cerimônia da Casa Grande.

> Retenhamos este fato, que é importante: o acesso à espiritualidade traduz-se para todas as sociedades arcaicas, por um simbolismo da morte e de um novo nascimento. [...] É sempre uma experiência religiosa que está na base de todos estes ritos e mistérios. É o acesso à sacralidade.[29]

Todos os participantes estão de joelhos, com a cabeça declinada sobre os punhos fechados, um sobre o outro sustentando a cabeça, em forma de pilar de ligação entre a testa e o solo. Postura que inicia a vivência consagrada diante do ritual da Criação. Com esse gesto consagrado,[30] todos estão em reverência a *Orisanilá*, cumprimentando o Orixá *Onile*, a força viva da Terra, em nome da transformação.[31]

---

29. ELIADE, Mircea, op. cit., p. 149-50.
30. Esse gesto pode transparecer, no tempo do mito e do rito, mediante a linguagem simbólica, o clímax dessa fase ritual como *fase da separação*. Pontuemos-na com a retirada da cabaça consagrada ou vasilha branca que contém os *axés* assentados no *pèpéle* (peji). No seu conjunto simboliza o assentamento do Orixá, o sacrário, referência de origem. Símbolo de lugar sagrado, espaço ritual, lugar consagrado no Templo que permite ao religioso ou a cada sacerdote entrar no seu ser mais íntimo com a linguagem própria de sua cultura decorrente da Tradição. Essa linguagem na Tradição dos Orixás comporta a música com os atabaques, o canto, os gestos, a dança, a oferenda. Tudo isso na fase de preparação faz sentido, especialmente para os que têm o Terreiro como espaço sagrado dos descendentes desse saber de origem africana.
31. Para o participante que está vivenciando a "liminaridade" esse é o momento no qual o ritual torna-se mais claro ou obscuro. Turner já disse sobre ela:

As sacerdotisas mais antigas carregam o assentamento de Oxalá, em passos lentos marcados por uma dança gestual. Passo a passo no ritmo lento do *Ìgbín* (caracol), circulam três vezes, no interior da sala da Casa branca de Orixalá, *Ilé funfun*, entre os participantes que estão contritos, curvados ainda sobre os joelhos, agora batendo *paóó* (palmas compassadas no ritmo do *Ìgbín)*. Quem canta nessa madrugada dentro da Casa de Orixalá são as mãos, ritmando a saudação, que floresce no ritmo da madrugada *funfun,* seguindo a maestria do Adjá tocado pela Iá. Na terceira volta, *Orí* deixa a origem e parte em direção ao novo. As sacerdotisas atravessam a porta da Casa de costas, com o assentamento do chefe, sob o Alá, para o descampado em direção ao outro espaço ritual, a Cabana.

Cada indivíduo na Terra é proveniente de uma entidade de origem que lhes transmite suas propriedades materiais e seu significado simbólico. Tais entidades de origem – os progenitores, existência genérica, ancestrais divinos ou familiares – se desprendem para constituir os elementos de um indivíduo. Tais elementos possuem dupla existência: enquanto uma parte vive no orun – o espaço infinito do mundo sobrenatural, a outra parte está no indivíduo, em regiões particulares de seu corpo, ou em estreito contato com ele. Desta forma existe um dublê de cada indivíduo no orun que pode ser invocado ou representado.[32]

Ouve-se então o blannnnn gue do adjá blannnn gue, blannn gue, blan gue, blan gue, blan gue blan gue contínuo, como se não fosse mais parar. O adjá, essa campana de prata ou simplesmente prateada que carrega um pêndulo, sonorizador da ordem, ao ser tocado pela Iá, convoca os presentes para o início do culto a Oxalá.

"freqüentemente é comparada à morte, ao estar no útero, à invisibilidade, à escuridão, à bissexualidade, às regiões selvagens e a um eclipse do Sol ou da Lua". Van Gennep chamou de *limiar* essa fase *marginal* por sua própria ambigüidade, características próprias do sujeito que *"passa através de um domínio cultural que tem poucos, ou quase nenhum, dos atributos do passado ou do estado do futuro".* Ver TURNER, Victor, op. cit., p. 117.

32. SANTOS, Juana Elbein. *Os nagô e a morte.* Rio de Janeiro: Vozes, 1998, pp. 204-5.

Em silenciosa procissão, o cortejo acompanha com *paóós* a "saída" de Oxalá para a Cabana,[33] morada provisória do Orixá. A base desse sacrário foi organizada com os assentamentos individuais (Axé *funfun*) do corpo religioso de todos os sacerdotes iniciados no Ilê Axé Opô Afonjá.

O assentamento de *Orisanilá* agora está no centro da Cabana dentro de uma grande bacia branca no meio do círculo formado pelas vasilhas brancas de louça que contêm os Axés *funfun* da comunidade religiosa, transladados da Casa de *Orìsálá* para o interior da Cabana, em ritual preparatório no dia anterior.

Esse novo *pèpéle,* organizado com símbolos antigos, objetos de Axé, é o lugar consagrado ao ritual de renovação e significa a presença da linhagem (unidade espiritual) dos "*Orixá funfun* devido à cor que os simboliza: *Obatala, Osala Osalufon, Osagiyan e Osa Popo,* todos eles formas de *Obatala*".[34]

Sem a pretensão de reduzir a inefabilidade particular da vivência ritual, nos aproximaremos teoricamente dos estudiosos do rito e realçaremos as três etapas do *Rito de Passagem,* ao fazer uma analogia com as etapas (*separação, liminaridade e agregação, reincorporação*) do *processo ritual* analisado por Victor Turner e inicialmente por Van Gennep.

Essa passagem do Orixá da Casa *Funfun* para a morada provisória, no nível mitológico, simboliza os primeiros sete dias do processo de iniciação (rito de passagem) em qualquer Terreiro que segue o rigor da liturgia iniciática, ou seja, pode equivaler à primeira fase (*separação*) e entrada no período intermediário, para a segunda fase *limiar.*[35] A fase na qual os autores que se debruçam

---

33. VERGER, Pierre Fatumbi. *Notas sobre o culto aos orixás e voduns.* Trad. Carlos Eugênio de Moura. São Paulo: Edusp, 1999, p. 430.
34. Segundo informações obtidas na África, por Verger, Obatalá e Oduduwa, também *Orixá funfun,* são associados de diversas maneiras nos mitos da criação. VERGER, Pierre Fatumbi, op. cit., p. 421.
35. *Liminaridade* esta que ao tratar do indivíduo ritual revela um estado que ocorre ou transparece em momentos diferentes. Digamos que cada pessoa "perde a pele" onde e quando puder, não depende do desejo ou da vontade de cada uma. A força ritual é propulsora deste estado, pode-se até chamá-lo de estado alterado de consciência, e tratando-se da Tradição do Terreiro tudo isso acontece pela propulsão do *axé* da pessoa e do *axé* do Templo.

sobre os ritos de passagem relembram que qualquer mudança de lugar justifica o rito de passagem.

> Certo, o rito de passagem por excelência é representado pela iniciação de puberdade, a passagem de uma classe de idade a uma outra (da infância ou adolescência, à juventude), mas há igualmente rito de passagem no nascimento, no casamento e na morte, e poderia dizerse que em cada um desses casos se trata sempre de uma iniciação, porque em todo o lado está implicada uma mudança radical de regime ontológico e de estatuto social.[36]

Para entender a linguagem simbólica e poder dialogar, o leitor precisa conceber o ambiente religioso como um ambiente ritualístico que por natureza promove um esgaçamento do tempo (tempo sagrado), próprio do tempo mítico, que comporta a entrada do símbolo e a ampliação da linguagem e entrelaça os símbolos do mito com os do rito.

"E aí, sim, é possível captar 'o fino instante exato' da pesca. É o que faz a bailadora, razão pela qual parece desafiar alguma presença interna que no fundo dela própria fluindo, informe e sem regra, por sua vez a desafia."[37]

Nos primeiros sete dias ritualísticos das Águas, *Orí* está se curando do nascimento no *Aiyé*, ou seja, tomando corpo (ver o mito do nascimento de *Orí* no Capítulo 2), enquanto o *Orí* de cada pessoa em ritual vive a etapa de renovação individual.

Enquanto a comunidade religiosa reatualiza o mito das *Águas de Oxalá,* o Ilê Axé Opô Afonjá renova seu Axé junto com os participantes do ritual, isto é, ao mesmo tempo, coletivamente – no tempo da comunidade – portanto, renova-se o Axé individual e revigora-se o Axé do Terreiro, no transcurso dos 16 dias de ritual.

A partir do momento que a Ialorixá caminha em direção à fonte, *Orisalá* se prepara para receber os obis que dormiram no topo da cabeça, no *Orí* de cada participante. Inicia-se outra etapa da vivência, um após o outro caminha também em direção à fonte

---

36. ELIADE, Mircea. *O sagrado e o profano,* s/d, p. 143.
37. TENÓRIO, Waldecy, op. cit., p. 159.

e se prepara para o ritual de oferenda do obi à *Orìsálá*. O *Orí* de cada participante dirige-se à fonte para reverenciar as águas e carregar um pouco dela na quartinha sobre a cabeça, acima do obi, e viver o processo de renovação, com a entrada no fundamento do rito de passagem. O *Orí* se renova involucrado no mito pelas expressões rituais consagradas dos fundamentos que acompanham os 16 dias com Oxalá. "De fato, simbólica e ritualmente, o mundo é recriado periodicamente. Qual é o sentido de todos esses mitos e de todos esses ritos?"[38]

RITOS DE RENOVAÇÃO E DE PASSAGEM

Para o corpo de religiosos da Tradição e Cultura dos Orixás na Bahia, esse ritual de renovação do Axé, purificação do corpo e enobrecimento do espírito, tem a função de abençoar e reconhecer a proteção da faísca divina que cada um traz consigo. Ele tem o poder de consagrar a interação das pessoas abrindo novas possibilidades. Dá início a um tempo novo na vida delas.

A aceitação e o reconhecimento das diferenças culturais presentes no País transformam-se em marco fundamental desse processo construtivo. Mas não basta afirmar as diferenças. É preciso dizer o que as constitui para que a construção sempre dinâmica de nossa identidade se faça com os pés no chão.[39]

O ritual é uma experiência do sagrado a qual inclui as pessoas na sua totalidade, em todas as suas dimensões corporais e espirituais. Ele viabiliza a capacidade de reavaliar valores e ações. É o Tempo de renovação das aspirações humanas e confirmação dos propósitos que dão sentido à vida. Este é o tipo de ritual de renovação que, em virtude da sua natureza de fundamento mítico, é inclusivo em todos os níveis. Em sua introdução, relembrava que estar presente significava participar. No Afonjá, ninguém assiste a

---

38. ELIADE, Mircea. *Imagens e símbolos*. São Paulo: Martins Fontes, 1996, p. 68.
39. BRITO, Ênio José da Costa, op. cit., p. 89.

esse ritual como mero espectador, uma vez que o fundamento do rito de passagem é inclusivo.

Os autores que se debruçam sobre os ritos de passagem relembram que "qualquer mudança de lugar, de estado, de posição e de idade da pessoa é marcada por três fases fundamentais: separação, marginalização e incorporação".[40]

Nossa pesquisa possibilitou avançar um pouco mais e afirmar que na celebração das *Águas de Oxalá* o participante não só vive as três fases, como também duas preparações: uma real, que inclui o banho de folhas e o ritual do *Bori*, e uma simbólica de entrada no invisível, no universo mitológico, pelo acompanhamento da entrada do Orixá, como símbolo arquetípico do pai no ritual. Quer dizer, a pessoa não vivencia só a experiência, mas é acompanhada ritualmente pelo seu próprio *Orí*.

Orí, o primeiro ancestral pessoal, entidade mais antiga e individual que preserva a continuidade da vida, foi convidado por *Orisanilá* através das Águas primordiais e recebido pelo *Egbé* na noite anterior, com o ritual do *bori*.

Como explicar esse convite na complexidade do simbolismo vivenciável? O *Orí* individual de cada participante é convidado pelas *Águas* a tomar parte no ritual de renovação, rito que propicia uma inteireza intrapessoal ao experienciar o mito que vivifica (presenta) em ritual o nascimento de *Orí*. Isto é, a pessoa é convidada a viver a renovação ao acompanhar o ritual de nascimento de *Orí, Orisanilá*, na Cabana, âmago íntimo de *passagem* do Orixá, do *Aiyé* para o *Orun*, ou do *Orun* para o *Aiyé*, entre a infinitude do mito preservada pela função do rito com sua finitude.

O participante realiza um rito não só de renovação mas de *passagem* que equivale à vivência de "uma sucessão de saídas e entradas relacionadas entre si, um contínuo morrer e nascer"[41] próprio da categoria simbólica de *passagem* do processo iniciático. Ritualmente, repito, a pessoa está acompanhada nessa travessia do seu próprio *Orí*. É justo que o participante se sinta como um fantasma diante do desconhecido de si mesmo, que se fale de vulto.

---

40. GENNEP. In: TURNER, Victor, op. cit., p. 116.
41. MARTINEZ, Francisco Lerma, op. cit., p. 87.

No decorrer do processo ritual, a pessoa descobre que tudo, até as soluções, está dentro de seu ser, da família, da cidade, da nação e do universo coletivo. Os problemas existenciais, os traumas, o sofrimento são percebidos como dúvidas não resolvidas. Reconhecimento que acalma e dignifica, pois abre caminho para se passar do aparentemente insolúvel ao solúvel, entendimento da própria existência e a construção histórica da vida. Essa consciência, no primeiro momento, penetra o individual, estendendo-se às suas relações.

Nesse ritual, a segunda fase constituída pela sucessão de *entradas* e *saídas* na Cabana se dá também num nível simbólico mais sutil, porque *Orí* não conhece morte (*Ikú*). A especificidade de *Orí* é nascer,[42] portanto, a qualidade desse curto processo está em que *Orí* ao se renovar, durante o rito de nascimento, nasce.

A linguagem ritual da Tradição nagô se dá com o início de um diálogo constante com os Orixás, em que quem fala é o *Orí* do indivíduo convidado, ou melhor, o convidado é *Orí*. O assentamento de Oxalá está no meio da Cabana, dentro da bacia, no centro do mundo. Local de Criação.

Em seguida, a *Ialorixá* tocando o *Adjá* com uma mão e segurando a jarra de barro (moringa) na outra se dirige à fonte no outro extremo do Terreiro, e todos os que participam da cerimônia formam uma longa fila para buscar água. Os mais velhos começam a se organizar segundo o tempo de iniciação, estando portanto presente o mito, e cada um seguindo esta ordem dirige-se à fonte para buscar água em silêncio, vestido de branco e carregando o obi, – fruto que, segundo a Tradição, fala e escuta – em cima da cabeça sob o torço, com o "pano-da-costa", o lençol passado sobre os ombros, *o cérebro no coração, o coração na cabeça* e a ânfora na mão – para oferendar ao Orixá, como um banho (a renovação), ou melhor, banhar o Orixá. Assim *o Ritual das Águas,* "rito de passagem",[43] revive o mito das *Águas de Oxalá.*

---

42. O mito do nascimento de *Orí* é apresentado no Capítulo 2.
43. Ainda sobre o período desse tempo delicado das *Águas de Oxalá*, verifica-se durante as três viagens à fonte que para o participante o rito vai tomando *corpo* e se desenvolve durante as entradas e as saídas na Cabana, durante o ato de carregar água.

A primeira viagem se dá em direção à fonte de *Ossun*. A fila caminha serpenteando[44] ao longo da Roça rumo à morada da água[45], ao desconhecido. Ao retornar à Cabana, cada pessoa, uma de cada vez, se ajoelha com sua jarra na cabeça diante do novo *pè-péle* do Orixá (local consagrado ao nascimento) e entrega a quartinha cheia de água à Ialorixá, esta a derrama sobre o assentamento de Orixalá, que se encontra no colo das *Águas* sob o mito, desnudado em ritual de nascimento, sob o Alá.

Nas duas primeiras viagens, a água é derramada sobre os Axés, na primeira, pela *Ialaxé,* na segunda,[46] quando o participante retorna da fonte à Cabana, a Iá orienta os iniciantes para que se ajoelhem a fim de arrear a oferenda do obi na bacia para *Orìsànilá* e, logo após se levantarem, circulem em volta do *pèpéle* para redistribuir a segunda água da quartinha sobre as outras vasilhas de as-

---

44. Nesse momento, as pessoas não só podem se sentir estranhas a si, como também o participante pode se sentir como *um peixe fora d'água.* Da fila, fala um participante: *"A gente se alinha hierarquicamente, mas, como sempre, essa ordem deve ser intuída, já que cada um tem que determinar seu lugar. Tarefa complicada, porque não é questão de menosprezar por assim dizer. O Candomblé não premia a modéstia. Perto do fim da longa fila [...] Localizo-me".* RODRIGUÉ, Emílio, op. cit., p. 219.

45. O participante continua: *"Ao chegar à fonte entrego meu cântaro ao fontaneiro que o enche, como se quisesse pescar os peixes de cores que nadam em formação. Coloco a vasilha em minha cabeça. A fila caminha lentamente ao largo de trezentos metros, transportando água ritual. [...] A procissão termina numa cabana (coberta) de folhas de coqueiro, onde Mãe Stella recebe os cântaros e joga a água noutra fonte".* RODRIGUÉ, Emílio, op. cit., p. 220.

46. Durante o ritual, entre as *entradas* e as *saídas*, pode ocorrer de alguém se questionar, principalmente quem está vivenciando pela primeira vez, como o participante que depõe no intervalo das viagens, o qual se sente fora, mas fala geograficamente de dentro do local do ritual. Ele relata que, ao se *"sentir sem jeito"*, se pergunta: *"O que estou fazendo aqui?".* E não pára aí, continua falando sobre a segunda viagem: *"[...] Chegando ao destino, Mãe Stella me instrui para despejar a água em diferentes vasilhas. Penso que a tarefa acabou mas ao sair da cabana constato que a fila está se formando novamente, desta vez transportando folhas além da água. Que folhas? Então o que estou fazendo aqui? Minha falta de misticismo é lamentável. Pouca substância religiosa, uma fé que se arrasta como meu lençol. Essa escassez de transcendência própria de ateu morno. No fundo, repito, todo ateu tem um deus-de-bolso. Misticismo ver-sus materialismo, duas maneiras de cortar o bolo da existência".* RODRIGUÉ, Emílio, op. cit., p. 220.

sentamento que compõem o novo peji, local do culto. E, mais uma vez, todos voltam à fonte, para a terceira e última viagem.[47]

Os primeiros raios do Sol já marcam outro tempo, arreia-se o *Egó** de Oxalá (milho branco cozido em água pura) disposto em forma de montanha numa bacia branca de esmalte ou louça diante do *pèpéle*, o qual tem como base uma grande bacia branca agora cheia de água e repleta de obis, arrodeada de muitas outras vasilhas também de louça branca – com os Axés *funfun* do *Egbé* (corpo de religiosos) –, igualmente cheias de água e organizadas em forma de círculo ao redor do assentamento *Àjobo* de *Orìsánilá*.

A imagem mítica do peji acrescida do recebimento dos obis e da água reflete um símbolo de incorporação. Outro espelho de receptividade e incorporação que reflete uma bela imagem é o do conjunto das moringas de água em torno das vasilhas brancas, jarras de cerâmica clara que correspondem à participação de cada pessoa (sacerdote ou não) que entrou em ritual. Quartinhas carregadas de água e folhas trazidas na terceira viagem contornam o círculo, compõem o lugar sagrado, peji.

O sacrário da renovação está constituído outra vez; a construção desse espaço sagrado foi iniciada na quinta-feira, antes do ritual de *borí*, com a chegada de todos os assentamentos (organização dos sacerdotes em rito interno), quando então o centro foi marcado por uma grande bacia branca, que recebeu o assentado maior dos axés de Oxalá, de madrugada.

O novo lugar se fez consagrado, o *pèpéle* se expandiu, corporificou-se com a oferenda dos obis que foram "arreados" durante a segunda viagem, frutos que chegaram acompanhados de água, um a um trazidos em ritual, carregados, pelo *Orí,* no topo da cabeça

---

47. A leitura do relato de quem experienciou e comparte conosco o que viveu durante a terceira viagem ilustra o quão difícil é mergulhar numa cultura alheia à sua, além da dificuldade de perceber a dinâmica interna do rito que tem uma matriz cultural: "[...] *constato, contudo, a dor nos braços e o tédio de uma caminhada sem fim, vertendo água para não sei quê. Talvez o rito fale da quantidade de baldes necessários para reanimar Oxalá de seu pileque. O preço do ato gratuito, me dou conta, é a irritação. Tenho que fazer alguma coisa.*

A fragrância do galho de pitanga me acompanha quando decido entrar pelo caminho da dor. Como é a natureza desta dor? Concentro minha pesquisa sobre o pescoço rígido e os braços intumescidos de tanto alternar com a carga". RODRIGUÉ, Emílio, op. cit., p. 223.

de cada participante. "A manifestação do sagrado no espaço tem por conseqüência uma valência cosmológica: toda hierofania espacial ou toda consagração de um espaço equivalem a uma cosmogonia."[48]

Como se observa, a terceira fase do rito de passagem é representada no nível simbólico pela incorporação dos elementos de unidade rituais (*Obí,* moringa, água e folhas ou flores brancas) trazidos pelos participantes do ritual. Incorporação dos elementos rituais (*obí,* jarra com água) que evidencia a fase de "agregação" simbólica, apresentada pela expansão do peji que se estendeu numa forma circular, uma área circular hierofânica, uma mandala constituída de elementos de Axé *funfun,* que tomou corpo a partir do centro, e se fez local sagrado (altar) a partir do assentamento do Orixá Maior, embebido nas águas e compondo o consagrado coberto pelo alá.

> O centro torna possível a "orientatio". O simbolismo do centro do mundo [...] é o mesmo que dizer que cada homem religioso se situa ao mesmo tempo no Centro do Mundo e na origem mesma da realidade absoluta, muito perto da "abertura" que lhe assegura a comunicação com os deuses.[49]

Quando a Ialorixá se debruça na esteira estendida no piso da cabana, para salvar o Orixá, todos participam de um novo tempo. Fase na qual, segundo Victor Turner, "consuma-se a passagem". Van Gennep intitulou esta fase de "agregação" – quando se espera do participante um comportamento de acordo com padrões éticos em que a incorporação aconteça –, Turner fala de reincorporação e afirma: *"[...] o sujeito ritual, seja ele individual ou coletivo, permanece num estado relativamente estável mais uma vez, e em virtude disso ele tem direitos e obrigações perante os outros".*[50]

De acordo com a linguagem simbólica dessa Tradição da religião dos Orixás, nesse ritual, depois da saudação "obrigação" que encerra essa etapa, o participante cumprirá os preceitos rituais, se-

---

48. ELIADE, Mircea. *O sagrado e o profano,* op. cit., p. 59.
49. Idem, ibidem, p. 60.
50. TURNER, Victor W. op. cit., p. 117.

gundo os da casa e as ordens do convidado de honra, seu próprio *Orí*. Ou seja, segundo o valor – por direito de escolha –, que o participante possa dar à experiência vivida, levando em conta o seu envolvimento pessoal e o contexto. "O iniciado, aquele que conheceu os mistérios, 'é aquele que sabe'."[51]

Na madrugada, entre vultos, fantasmas, só se enxerga a Lua e só esta vê o que foi trazido de lá para cá, em cortejo ao som do adjá. Visível e simbolicamente, a cabana se transforma em fonte de origem. E agora? Agora, os participantes, juntos, estão em ritual de saudação a Orixalá. Alguns cantam enquanto outros, um a um, se ajoelham, encostam o umbigo no chão, com os braços paralelos ao longo do corpo em *dodobale*, ou viram-se de um lado e do outro cruzando os braços em forma de abraço em *Ijiká*.

Diante da "ilha" sagrada de Orixalá, símbolo consagrado ao local da Criação, os participantes (homens, mulheres e crianças) ajoelham-se com as mãos espalmadas para cima, encostadas no chão, cuidadosamente declinam a cabeça sobre as palmas para cumprimentar o Universo e sua origem.

A Ialorixá do Ilê Axé Opô Afonjá – Iá *Odé Kayodé* – Mãe Stella de Oxossi, é a primeira a debruçar-se sobre a esteira – estendida no interior da Cabana sobre o piso de areia branca, diante do peji – para saudar o Orixá Maior, *Orisanilá*. Oxalá está arrodeado de água, em cima do ventre de sua Mãe, *IyáomiOlorí* (as águas), recebendo todos os cumprimentos daquele que nasce. Em seguida, recebe o cumprimento e abençoa a Iá *Kekeré do Egbé*.

Nesta fase de saudações, ocorrem concomitantemente as incorporações dos sacerdotes mais antigos de Orixalá, as manifestações do Orixá. Cada filho de Orixalá que se deita na esteira em *dodobale,* em saudação, já se levanta com o Velho incorporado a dançar o primeiro *Siré*[52] interno do ciclo das Águas.

Hierarquicamente, por tempo de iniciação, seguem os cumprimentos de todos os participantes até o último visitante, incluindo as crianças, que saúdam com os gestos rituais, *dobale* (gesto masculino) e *Iká* (gesto feminino). As saudações são gestos rituais, os

---

51. ELIADE, Mircea, op. cit., p. 146.
52. Os tambores foram preparados, trocaram de pele, para estrear nesse momento.

Orixás saúdam uns aos outros e os participantes aos Orixás presentes incorporados.

A movimentação corporal individual traduz a aquisição de uma sabedoria ancestral, revela saberes internalizados. Entretanto, como diz Denise Ramos:

> [...] a imagem não pode ser reduzida somente ao plano pessoal, pois há algo além dela que não pode ser explicado (não por ser inefável mas por ser sagrado), mas é sentido e representado de mil formas, transcendendo o espaço individual em todas as culturas.[53]

É importante saber que após a consagração do ritual de saudação, realizado com as bênçãos gestuais de todos os participantes, se saudou *Orixanilá*, o Orixá maior, e reconheceu-se com saudação seu próprio *Orí*. Rito que confirma o mito do "nascimento", ritual de *Orí* no *Aiyé*. *Orí Àpéré ó.*[54]

A terceira fase ocorre inesperadamente para o iniciado, é a mais transparente. Nela, tudo pode ser relativo (as emoções, o conhecimento, a percepção, o valor, a consciência), menos a *passagem* que finalmente se consuma num tempo que gera uma *eternidade*. Para o iniciante que atingiu o ápice do processo, abre-se a possibilidade de descer e situar-se no seu espaço interior, momento de lançar a âncora, momento gracioso, momento de dádiva divina.

Os atabaques chegam para saudar o novo dia, os alabês marcam o tempo atual com o toque *Ìgbín,* e logo o canto de saudação ressoa ao ar livre, e desde fora da Cabana já há prenúncios de manifestações do Orixá *Funfun* que se apresenta e dança o *Siré* íntimo matinal. Entoam-se "louvações" ao Orixá. Os sacerdotes dos Orixás *funfun* incorporados dançam o *Siré* com o Oxalá.

O momento traz de volta uma pergunta enunciada no capítulo anterior: Que Orixá é esse, tão poderoso que exige silêncio interior e ao mesmo tempo dialoga, se expressa também pela dança? A dança para esta tradição é sagrada, e nessa cerimônia é uma linguagem de reza, uma forma de oração.

---

53. RAMOS, Denise. A vivência simbólica no desenvolvimento da consciência. In: *Religião ano 2000*. São Paulo: Educ, 1998, p. 69.
54. Saudação a *Orí*.

É o Orixá *funfun*, muitíssimo antigo. Nesse dia todos os participantes presentes declinam o corpo e em passos cadenciados acompanham os Orixalás manisfestados. Seguem o toque *Ìgbín*, alguns com *paóós*, outros com canto e outros com canto e dança, todos em forma de oração. *Epa Babá!*

A partir deste momento, o Afonjá entra em "obrigação religiosa" por 16 dias[55] seguidos – entre todos os ritos internos além dos três domingos de ritos públicos, que compõem o Ciclo das Águas. *Compromisso*[56] de fundamento em que se exige acordar cedo para cantar todas as manhãs, ao nascer do Sol e todos os dias no final da tarde, antes do pôr-do-sol. Os sacerdotes da Casa *funfun* presentes se reúnem no *Egbé* (corpo de sacerdotes) para saudar Orixalá na Cabana, com cantos, *paóós* e gestos rituais de cumprimentos (*dobale* e *Iká*).

O convite permanece aberto aos que participaram do *Ritual das Águas de Oxalá,* contanto que estejam vestidos de branco. O assentamento do Orixá Maior retorna à Casa Grande no segundo domingo durante a procissão do Alá.

Este ritual, sagrado para os sacerdotes de Orixalá, é um ritual clássico do ponto de vista social quanto à sua internalização dos tempos como épocas. Após o ritual, cada participante libera-se pelo seu próprio *Orí*, rumo às obrigações sociais, aos fazeres que possam conservar a qualidade do precioso silêncio particular da vivên-

---

55. Tempo de distanciar-se de sangue, de brigas e de azeite-de-dendê, distanciar-se também de suas vestes coloridas. Tempo de incluir o acaçá e o *egbó* (milho branco cozido em água pura, sem sal e sem açúcar) na alimentação, acolher com humor ao jejum do inhame.

56. Compromisso é outro termo importante que ao ser escutado no âmbito da Roça ou entre os religiosos desta Tradição merece um esclarecimento. Talvez, o texto da Ialorixá atual ajude-nos na compreensão da sutileza desta palavra quando usada. Ela fala sobre o que é um "filho" de Orixá (*Omo-Orisá*): "*São aquelas pessoas que têm um compromisso com o Orisá. O compromisso pode se dar em decorrência da iniciação, processo que dura sete anos, com as obrigações de tempo completas,(e) assentamentos [...], (pré-iniciação, obrigação de borí, ou ainda lavagem de contas)*". Para mim esta palavra, tão poucas vezes citada no Terreiro – concebida pela autora como qualidade de interação e vocação sacerdotal –, nasce da fusão de um amálgama que decorre de vários processos encadeados, entre individuação, identidade, com a transmissão e Tradição. Ver SANTOS, Maria Stella de Azevedo, op. cit., p. 23.

cia interior. Essa particularidade do ritual das *Águas* não se insere totalmente na expectativa dos estudiosos no que diz respeito ao ápice da terceira fase. Segundo os estudiosos do rito, tratando-se do participante na fase de incorporação – terceira fase –, diz-se que dele se espera que se comporte de acordo os padrões éticos em que a incorporação aconteça. Acompanhe o raciocínio da imagem mítica neste ritual específico em que também participam convidados não adeptos. *Orí* foi o convidado e cumpriu todas as etapas da "obrigação" principal, portanto deve carregar a Água. *Orí* como bom e único acompanhante, companheiro fiel da jornada de passagem pela vida – no mito do seu nascimento a função foi publicada em bom tom pela sua capacidade infalível de parceria –, não conhece a morte, o que seria a única responsabilidade consciente do humano que *Orí* não levaria, ou seja, a "culpa", caso queira-se chamar assim. Essa mesma característica tem Orixalá. O Alá abrange a todos porque ele é pai dos vivos e dos mortos. A morte não deserda. A questão é de manobra do Alá, se aberto, ou fechado.

Voltando então ao ápice da terceira fase, o participante, convidado para a "festa" de *Orí,* deve sentir-se livre, dono da qualidade de sua própria experiência religiosa. *Orí* não adoece, ninguém o educa, nem ele morre. Por natureza criadora, ele cria. Só conhece o que tem de melhor para dar continuidade à vida, ele transpassa honrosamente com nobreza e unicidade pela existência.

Nessa época, a Bahia mergulha num Tempo envolto por uma *atmosfera* especial. Lá fora, nos arredores da cidade, muitos dos soteropolitanos já se vestem de branco desde o dia anterior.

A cada dia torna-se mais problemático deixar que o nosso lugar de espectador e ator seja preenchido por um "olhar de fora" que, com freqüência, ao longo da História projetou as suas sombras sobre nossa realidade e sobre nós mesmos.[57]

Das Águas, os convidados aparecem num ou noutro dos três domingos que irmanam o Ilê Axé Opô Afonjá e a cidade, e juntos perfazem o ciclo de 16 dias com Orixalá. "A grande conjuntura atual é marcada pela dialética entre a vida e a morte das pessoas,

---

57. BRITO, Ênio José da Costa, 2000, op. cit., p. 90.

de grupos e de nações."[58] Época em que se privilegia alimentar o espírito, para dar seguimento à vida, driblar a morte e administrar seu próprio caminho de vida. "Viver é pois um processo de separação e de incorporação, uma sucessão de saídas e entradas relacionadas entre si, um contínuo morrer e nascer."[59]

Loju Lonà – Olho no Caminho

Ewé Lara (folha do corpo) mamona

---
58. BRITO, Enio José da Costa, 2000, op. cit.
59. MARTINEZ, Francisco Lerma, op. cit., p. 87.

4 OS TRÊS DOMINGOS DE FESTA

A tarefa histórica está à nossa frente: é um imperativo ético tomar posição e afirmar as razões de nossa esperança.[1]

Os domingos de "festa" são dias cheios de ritos, distribuídos de tal maneira que ao cumpri-los se realiza uma etapa fundamental das "obrigações". O ciclo se realiza, ao se reviverem 16 dias de rituais, associado a caminhos mitológicos do Orixá. Desenvolve-se entremeado com três domingos consecutivos de "Festa": Domingo de *Odudua*, Dia do Alá e Domingo de *Oxaguian*. Com o terceiro domingo de festa-ritual dã-se por realizadas e cumpridas as obrigações consagradas a Oxalá.

No primeiro domingo se perfaz o caminho do antigo Orixá, o caminho de *Odudua*. A simplicidade das vestes, a ausência de sal na alimentação e a tranqüilidade de um dia em que tudo é mais silencioso são sinais evidentes da realização dos três dias iniciais. Fecha-se o ritual do *Siré* de Oxalá, culminando o primeiro domingo com a saudação do canto em ioruba. Uma roda de Orixás *funfun* e *Omolorisás* vestidos de branco dança em círculo o tradicional toque batá, em celebração O*dududwa* ao mais antigo Orixá.

O segundo domingo é o dia da procissão do Alá. O assentamento *ajobo* retorna à Casa de Oxalá embaixo do Alá, em cortejo acompanhado por todos os "filhos" do Axé. A passagem vai tomando corpo, torna-se explícita; é o dia em que mais se saúda *Orisanilá*. Os trajes litúrgicos consagrados ostentam emblemas (coroas

---

1. BRITO, Ênio José da Costa, op. cit., p. 90.

de búzios, braceletes, *òpásoró*), os metais, o bronze, a prata nas pulseiras e argolas começam a ser usados.

O terceiro domingo, o dia de *Oxaguian*, é o dia que mais se canta, dança e reza. O Orixá do dia, *Oxaguian*, dança com a austeridade de um guerreiro *funfun*. O ciclo começa a mudar de tom, o azul aparece nas contas que se carregam no pescoço, nos panos-da-costa e às vezes nos turbantes. Um dia de muita reza e muito trabalho. Até o Orixá "trabalha" nesse dia; os sacerdotes de *Oxaguian*, com o Orixá incorporado, abrem o ritual do *Siré* cruzando o corpo dos presentes com leves toques nos ombros e nas costas realizados pelas varinhas de uma planta chamada *atorí*.

Concluído o *Siré de Oxaguian*, publicamente se dá por encerrada a etapa mais importante do calendário litúrgico do Ilê Axé Opô Afonjá, ou seja, ritos dedicados ao novo Tempo. "O tempo, assim, é como o ar que respiramos, a comida que comemos, os costumes que seguimos cegamente. Falamos (fala-se) tanto de segundos, minutos, horas, dias e meses que achamos tudo isso natural."[2]

O ciclo *funfun* de festas-rituais cumpre a renovação do Axé individual e Axé coletivo. Abre-se um novo *tempo* e *espaço* consagrados aos ciclos que se seguem em permanente renovação nos três meses subseqüentes de rituais.

PRIMEIRO DOMINGO: DOMINGO DE ODUDUWA – SIRÉ DE OXALÁ

Tudo começa devagar e muito cedo, por volta das quatro horas da manhã. Os religiosos iniciam esse dia, de ritos e festa, com uma saudação a *Orixanilá*, em semicírculo diante da Cabana. Todos os presentes, de joelhos sobre a esteira, com a cabeça em cima das mãos e os punhos fazendo o pilar, cantam: *Babá, epa paóo, Babá epa paóo, Babá bami ó. Epa Babá.*

Para o *Egbé* são dias repletos de significados, dias intensos, ninguém se arvora sequer a levantar o tom de voz com o outro, nem a dar ordens, e tudo acontece na devida paz. Como se diz no

---

2. DAMATTA, Roberto. *Torre de Babel.* Rio de Janeiro: Rocco, 1996, p. 78.

Terreiro: Oxalá está no "Até". Tudo continua sob a influência do branco. Tempo de silêncio, de exercitar o respeito ao outro, ouvir os mais velhos, porque assim cada um adquire o hábito ritual de escutar o mais antigo que se carrega dentro de si. *Orí* é o *dono da bola*. "Os *Òrìsà* não atenderão a nenhum pedido do homem que não tenha sido sancionado pelo *Orí* individual. Daí a seguinte passagem de um poema divinatório de Iá."[3]

Orí Àpére o'	*Orí*, eu te saúdo
Ori pèlé	Você que sempre pensa nos seus
Atètè niran	Você que abençoa um homem
Atètè gbeni kòòsà.	antes de todo orixá
Ko sóòsà tíí danií gbè	Nenhum orixá abençoa um homem
Léyìn ori eni	sem o consentimento de seu *Orí*
Orí pèlé	*Orí* eu te saúdo
Orí àbiyè	Você que permite aos filhos
	nascerem vivos.
Eni ori bá gbeboo rè	Aquele cujo sacrifício é aceito
	por *Orí*
Kó yò sèsè	deve se regozijar imensamente.[4]

Nesse dia é comum encontrar sacerdotisas carregando ou falando de algumas dessas bolas: bola de *efún*, bola de ossé,[5] bola de *orí*.[6] Mais dois domingos e se ouvirá falar de bolas de inhame.

Três dias após o *Ritual* interno de abertura das *Águas de Oxalá*, o "Velho", como o antigo Orixá, é chamado na intimidade e lentamente começa a "andar" acompanhado do *Igbim*. O caracol, *Boi de Oxalá*, aparece na Cozinha de Axé e na música, o toque *Igbim*, acompanhando os rituais inclusive o do *Siré*. Abre-se assim o dia de obrigações internas com o ritual do *etutu*, rito do sacrifício. Dia longo, no qual numerosos ritos foram realizados. No final

---

3. SANTOS, Juana Elbein. *Os nagô e a morte*. Rio de Janeiro: Vozes, 1998, p. 216.
4. ABIMBOLA, Wande. *Sixteen great poems of Ifá*. Unesco, 1975, pp. 171-3 e SANTOS, Juana Elbein, op. cit., p. 216.
5. "Sabão da costa", um sabão preparado à base de folhas, pelas mais antigas no Terreiro e usado para banhos e rituais de *ossé*.
6. Manteiga de karité. Karité é uma árvore africana, uma árvore sagrada. De suas nozes extrai-se essa manteiga também chamada de *orí*.

da tarde, encerra-se o primeiro domingo de Oxalá com o ritual interno, *Ipadé*,[7] abrindo espaço para o ritual público do *Siré*, "Festa" de Orixá.

O Siré de Oxalá

O Ritual do *Siré* é uma "festa" consagrada ao encontro com os deuses africanos, que tem suas raízes no passado mítico da Tradição Africana. Durante esse ritual, o tambor é saudado logo depois dos ancestrais, ainda antes de se formar a roda dos sacerdotes para dançar o *Siré*. A dança com os Orixás é o ponto alto dessa Tradição. Essa "dança" é a marca distintiva do ritual.

O *Siré* é uma experiência do sagrado que inclui os indivíduos na sua totalidade, em todas as suas dimensões corporais e espirituais, daí ser preparado cuidadosamente.

Conscientes de que nenhuma leitura alcança a riqueza simbólica das manifestações culturais e buscando apresentar a "festa por dentro", sem perder de vista o conjunto, utilizaremos a categoria da transdução. Ela se refere aos aspectos simbólicos dos mitos e dos ritos associados ao corpo, gestos, vozes, música e danças, permitindo assim aprofundar o significado dos gestos[8] e cumprimentos na relação ritual.

Para estudar o ritual do *Siré*, como um fato religioso, como uma festa religiosa, acolhemos a afirmação de Mircea Eliade que relembra que "só existe uma maneira de se abordar a religião: atentar para os fatos religiosos".[9] Tem-se então a possibilidade de mergulhar na complexa rede simbólica do mito e acompanhar o rito.

> Quem nunca teve oportunidade de ir à [uma festa ritual, Siré de Orixá] [...] certamente terá dificuldade para imaginar o que ela pode representar em termos de estrutura simbólica e social desta religião. Nem pode imaginar a rede de significados e alianças que ela implica e tampouco o prazer estético que vai se revelando desde o momen-

---

7. Ver SANTOS, M. Stella de Azevedo, op. cit., p. 60 e ROCHA, Agenor Miranda. *Caminhos de Odu*. Rio de Janeiro: Pallas, 1999, p. 177.
8. Para aprofundar o significado dos gestos e cumprimentos, ver SANTOS, Maria Stella de Azevedo, op. cit., p. 56.
9. ELIADE, Mircea. *Imagens e símbolos*. São Paulo: Martins Fontes, 1996, p. 25.

to em se ouve, ainda do lado de fora do Terreiro, o som dos atabaques tocando para os deuses.[10]

O ritual do *Siré* traz em seu bojo forças míticas e místicas capazes de envolver o público assistente e levá-lo a uma atitude silenciosa e reverente. Ernst Cassirer oferece-nos outra categoria de análise também rica e intrigante quando afirma:

> Deveremos aceitar as qualidades da experiência mítica por sua "qualitatividade imediata". Pois o que precisamos aqui não é de uma explicação de meros pensamentos ou crenças, mas de uma interpretação da vida mítica [...] o pensamento simbólico o que supera a inércia natural do homem (da mulher) e lhe confere uma nova capacidade de reformular constantemente o universo humano.[11]

Este fato relembra a dinamicidade do ritual da festa, idéia que o aproxima da "inversão da ordem" de DaMatta:[12] "inversão é um processo radical, porque opera o deslocamento completo de elementos de um domínio para outro do qual [...] a inversão junta o que está normalmente separado".[13]

---

10. AMARAL, Rita de Cássia. Awon Xirê. In: *O leopardo dos olhos de ouro*. São Paulo: Ateliê Editorial, 1998, p. 85.
11. CASSIRER, Ernst. *Ensaio sobre o homem*. São Paulo: Martins Fontes, 1997, pp. 132 e 135.
12. *"Uma das grandes descobertas da antropologia moderna foi a invenção de que são os ritos, as festas, as solenidades e os carnavais que inventam e ordenam o tempo. Há assim um tempo do trabalho e da rotina, em que nada especial acontece e um tempo mágico de festas que sinalizam as mais variadas e esperançosas passagens."* DAMATTA, Roberto. *Torre de Babel*. Rio de Janeiro: Rocco, 1996, p. 78.
13. DAMATTA, *apud* RIBEIRO JÚNIOR, Jorge Cláudio. *A festa do povo*. Petrópolis: Vozes, 1982, p. 50. Um exemplo típico do uso desta categoria por DaMatta é a análise da música de carnaval "Mamãe eu quero", no livro *Conta de mentiroso*. DAMATTA, Roberto. *Conta de mentiroso*. Rio de Janeiro: Rocco, 1993, pp. 79-89.
Em *Carnavais, malandros e heróis*, DaMatta lança as bases de seu esquema teórico, destacando, no múltiplo universo social, quatro planos: o domínio da casa; a esfera da rua; o mundo do jogo, da festividade e da brincadeira; e a dimensão do sobrenatural.

Gerardo Mosquera, no artigo "África en la Cultura de América",[14] aborda também a questão numa perspectiva diferente, a da "supervivência". Para pensar a "supervivência", ele imagina uma grande sopa, na qual alguns ingredientes como sementes duras e ossos não são dissolvidos no caldo, mas assimilados ao sabor. Essa assimilação é algo que não pode ser apagado de uma cultura. A apropriação sem a dissolução das experiências presentes matiza satisfatoriamente as interações sociais entre os indivíduos e a cultura.

Os antigos dizem que o *Siré* de Orixá já foi uma festa mais fechada, considerada um rito interno, extensivo aos familiares, amigos convidados e realizado entre as comunidades dos Terreiros.

Com o decorrer do tempo, os amigos convidaram outros amigos, outros se convidaram e hoje esse ritual de comunicação com os deuses é também um símbolo de integração, interação da Tradição dos orixás com o mundo. "O simbolismo acrescenta um novo valor a um objeto ou a uma ação, sem por isso prejudicar seus valores próprios imediatos. Aplicado a um objeto ou a uma ação, o simbolismo os torna abertos."[15] Não é possível fabricar um símbolo, só é possível descobri-lo.

A visão de Mosquera, curador do New Museum de Nova York, sobre Cuba, aplica-se hoje à realidade baiana: "Estes acervos há muito tempo deixaram de estar ligados a relações étnicas de parentesco e de uma mesma origem; hoje em dia até os brancos participam".[16]

O *Siré* transformou-se num ritual público e tem nome de "Festa". É um símbolo mediador de interação cultural. "A celebração tem como ponto de partida e de referência um evento histórico, passado ou possível, cujo significado é vivenciado ritualmente por um grupo."[17] É considerado uma celebração aberta ao mundo, aberta ao universo dos que sabem pisar em terra alheia, dos que sabem dançar e cantar o que é desconhecido, dos que se preparam para entrar num espaço sagrado.

---

14. MOSQUERA, Gerardo. *África en la cultura de América*, 1993 (mimeo.).
15. ELIADE, Mircea. *Imagens e símbolos*, op. cit., p. 178.
16. MOSQUERA, Gerardo. África dentro de la plástica caribena. In: *Revista Arte e Cultura*. São Paulo, 1(1), 1990, p. 86.
17. RIBEIRO JÚNIOR, Jorge Cláudio. *A festa do povo*, op. cit., p. 50.

Uma existência "aberta" para o Mundo não é uma existência inconsciente, enterrada na Natureza. A "abertura" para o Mundo torna o homem religioso capaz de se conhecer conhecendo o Mundo, e este conhecimento é-lhe precioso porque é um conhecimento religioso, um conhecimento que se refere ao ser.[18]

O *Siré*, ritual público, é o ponto alto das cerimônias de um dia litúrgico. Durante este ciclo, os domingos são dias de "Festa". O *Siré* reverencia os encontros das pessoas com Orixá, propiciados pela música, pelos toques e pela dança específica do Orixá cultuado nesse ciclo de festas. "Lá está a verdadeira revolução. Deixem as pessoas colocarem as mãos assim nos corações e, escutando suas almas, saberão como se portar."[19] Para o povo é uma "Festa" de Orixá. A presença dos Orixás durante o *Siré* é o instante mais esperado nesse ritual, eles se apresentam e conduzem o Tempo sagrado. Eles são cumprimentados e cumprimentam os presentes. DaMatta reconhece que

[...] os rituais podem inventar um momento especial, politicamente carregado, já que o ritual "permite a invenção de um campo transcendente onde a projeção do grupo se localiza" [...] No Ritual a sociedade tem uma visão alternativa de si mesma: *"por que esse* momento passageiro não permanece, não mais com hora marcada mas como revolução!"[20]

O *Siré* é uma festa para os visitantes (convidados) e para as crianças da Comunidade que participam alegremente da preparação do ambiente. Mas não é só festa, é um ritual em que deuses transitam como faíscas e se misturam às pessoas as quais se reúnem com seres encantados, numa integração mais ampla, do Terreiro com a sociedade. No caso do Ilê Axé Opô Afonjá, integração com Salvador, com a Bahia e com o Mundo que o visita.[21]

---

18. ELIADE, Mircea. *O sagrado e o profano*. LBL Enciclopédia, Lisboa: Livros do Brasil, s/d, p. 130.
19. Faço minhas as palavras de Izadora Duncan, em: DUNCAN, Izadora. *Izadora fragmentos autobiográficos*. São Paulo: LPM, 1981, p. 56.
20. DAMATTA, *apud* RIBEIRO JUNIOR, Jorge Cláudio. *A festa do povo*. Petrópolis: Vozes, 1982, p. 33.
21. O Mundo porque é neste ritual que os "dignitários" se apresentam para cumprimentar e ser cumprimentados pelos Orixás, no Barracão de Festas Pú-

Ao se chegar no Ilê Axé Opô Afonjá avista-se uma única bandeira branca, hasteada entre outros mastros que serão embandeirados no avanço do calendário. A bandeira visível significa o Alá? Bandeira branca, signo, símbolo, emblema? No passado, já a chamaram bandeira de Tempo. Ela simboliza a presença do sentido maior do Tempo na realidade mítica dessa religião. Uma bandeira branca no alto da Casa, ou no espaço aberto de uma Roça, designa um Terreiro no Brasil, local consagrado à religião de descendência e Tradição dos Orixás neste país.

O salão de festas está completamente tomado. Crianças de todas as idades nascidas e criadas no Axé entram e saem antes de a "festa" começar. Muitas delas fazem parte do coral litúrgico que acalenta o *Siré* como um canto de ninar. As portas do salão de cerimônias públicas estão abertas aos convidados. Como convidada das crianças para assistir ao *Siré*, vesti-me de acordo com os preceitos do antigo Orixá. "O que dancei antes (na vida) foi apenas uma oração para poder chegar aqui."[22]

Lá estou, quieta, na tribuna de honra, pronta para o desconhecido. No meio da festa, quando não estava embevecida com a dança, acompanhava a música com palmas, cuidadosa para não destoar da *"música que toca o coração, faz com que ele vibre de emoção".*[23]

O *Egbé* que vai dançar em círculo para o Orixá (de três a quatro horas), e "receber" (manifestar) os Orixás em plena *festa*, começa a se apresentar no Barracão. Por ser um encontro-ritual alegre, sagrado, faz sentido chamá-lo de *Siré*. Neste ciclo das *Águas*, é *Siré funfun.*

Apresento, a seguir, uma leitura da primeira cerimônia pública a que assisti no Ilê Axé Opô Afonjá, tendo presente o que DaMat-

---

blicas. É neste ambiente sagrado que os Orixás *suspendem*, quer dizer, escolhem, numa festa, e confirmam (em outra do ciclo do mesmo Orixá) os Obás, os Ogãs e as *Ajoyés*. Aí onde Exu é o primeiro a ser saudado com música, canto e dança, reverenciado, melhor dizendo, durante a cerimônia do Ipadé, ritual interno que antecede cada *Siré*. Para mais informações sobre Obás, Ogãs e *Ajoyés*, ver SANTOS, Maria Stella de Azevedo, op. cit., p. 79.

22. DUNCAN, Izadora. *Izadora fragmentos autobiográficos*, op. cit., pp. 34-5.

23. DUNCAN, Izadora, op. cit., p. 39.

146

ta nos diz dos ritos: "[...] eles nos obrigam a parar para descansar, nos levam a refletir sobre essas verdades profundas".[24]

O interior do Barracão assemelha-se a um anfiteatro. O centro do salão é lugar de Axé, consagrado à dança, onde circulará a roda de sacerdotes e sacerdotisas iniciados nesta Tradição. Junto à parede de fundo, diante da porta principal, encontra-se a cadeira de destaque, que simboliza o assento ou fonte da Criação, o assento das *Águas*, transformação. É o lugar da sacerdotisa maior, a *Ialaxé* do Terreiro. Para *Iá Odé Kayodé*, esse trono representa[25] o das Mães ancestrais.

À direita da *Ialaxé* tomam assento os Obás,[26] Ogãs, Babalorixás e os iniciados da Casa e de outros Terreiros. Ampliando o semicírculo, os convidados especiais ocupam a tribuna de honra.

Ao lado esquerdo da *Iá* maior, a *Ialaxé*, sentam-se os Obás (ministros de Xangô) e em seguida as senhoras mais antigas, isto é, a cúpula do *Egbé*, bem como as *Iás,* mulheres religiosas de outras "Casas", lideradas pela *Iá Kekeré* e logo após a *Iá Egbé,* as autoridades no Canto.

Os *alabês,* músicos oficiais do ritual, já cumprimentaram os tambores sagrados. Entre eles estão alguns Ogãs confirmados, iniciados no canto e até crianças iniciadas na música. Atrás da orquestra, encontram-se as meninas e os adolescentes cantores. Por fim, os mais íntimos da música estão sentados em longos bancos que se estendem por toda a orquestra.

Cada iniciado, ao entrar no salão, faz reverências. No interior, diante da porta de entrada, com a frente do corpo voltada para fora e olhando para o infinito, ele faz uma quase genuflexão, inclina o corpo e toca o chão com a ponta dos dedos, elevando-as até a testa, saúda então a Terra (Orixá *Onile*) e os ancestrais. Em seguida, se dirige aos atabaques e, com o mesmo gesto, saúda Rum, Rumpi e Lé, tocando com os dedos no chão diante de cada um deles.

---

24. DAMATTA, Roberto, op. cit., p. 78.
25. Representa um banco de espelho no fundo do Oceano. Símbolo da bacia associada ao quadril, da cabaça associada ao útero. Simbolismo dos mais profundos.
26. A atual Iálorixá do Afonjá escreveu um texto precioso no qual fala sobre a fundação do corpo de Obás e Ogãs no Terreiro, sua função e seus nomes. Ver SANTOS, Maria Stella de Azevedo, op. cit., p. 83.

Na liturgia iorubana, especialmente na do *Siré*, o atabaque é o mestre de cerimônias. Ele consagra e interpreta a música. *"A música é como uma grande e poderosa deusa que leva a dança pela mão como uma criancinha."*[27]

A entrada da Ialorixá, *Iá* Stella de Oxossi, é apoteótica. Os atabaques ressoam ritualisticamente com um toque especial para receber a Ialorixá e o *povo* se levanta respeitosamente. Com o semblante sóbrio, ela entra acompanhada de Obás e Ogãs ligados à Casa de Oxalá, como uma deusa, toda vestida de branco, trazendo o *pano-da-costa*[28] no ombro esquerdo. A Ialorixá e sua comitiva cumprimentam os tambores sagrados, um por um e, em seguida, se dirige à sua cadeira de honra, o trono.

Iniciam-se os cumprimentos à Ialorixá. Os religiosos se saúdam entre si aquiescendo a hierarquia presente no Terreiro. A música assume a maestria da festa, os *alabês* tocam para o Orixá Ogum,[29] o Orixá que rege a abertura deste rito de comunicação.

> Cada indivíduo na Terra é proveniente de uma entidade de origem que lhes transmite suas propriedades materiais e seu significado simbólico. Tais entidades de origem – os progenitores, existência genérica, ancestrais divinos ou familiares – se desprendem para constituir os elementos de um indivíduo. Tais elementos, conforme Santos, possuem dupla existência: enquanto uma parte vive no orun – o espaço infinito do mundo sobrenatural, a outra parte está no indivíduo, em regiões particulares de seu corpo, ou em estreito contato com ele. Desta forma existe um dublê de cada indivíduo no orun que pode ser invocado ou representado.[30]

No Templo durante o ritual, o corpo é imbuído do seu tempo, quando a alegria, não necessariamente expressa sob o signo das gargalhadas, se faz presente no ambiente ritualístico, criando o contraste de luz e sombra, criando ainda a interação entre o rito da dança, do canto e da música que ilumina os encontros entre deu-

---

27. DUNCAN, Izadora, op. cit., p. 39.
28. Sobre as vestes litúrgicas ver SANTOS, M. Stella de Azevedo, op. cit., p. 44.
29. RODRIGUÉ, Maria das Graças de Santana. A tolerância dos deuses é diabolicamente fascinante. In: *Último andar*, 1999, p. 80.
30. THEODORO, Helena. *Mito e espiritualidade.* Rio de Janeiro: Pallas, 1996, p. 72.

ses e deusas, homens, mulheres e crianças. *"A dança é religião e deveria ter seus adoradores"*,[31] reatualizando os contatos no âmbito mítico dos rituais que perfazem o conjunto das *obrigações*. Nessa noite tudo é branco. A cor branca, a cor do luto, da paz e do espírito é a cor reverenciada nesse ciclo litúrgico de festa. Os atabaques foram banhados de alvo, estão vestidos com um ojá branco, que se fecha elegantemente como um broche em forma de laço. Eles rompem o silêncio e abrem a comunicação com o sagrado.

O Tambor (*atabaque sagrado*) não é um objeto, é uma força religiosa viva, participante, à qual se "dá de comer" e se trata com cerimônia. Sua confecção é manual e se constitui num ritual cheio de detalhes, de obrigações a serem cumpridas que culminam em sua consagração. Sua música não é arte no sentido ocidental de uma atividade autônoma, pois está indissoluvelmente ligada a funções que chamaríamos "extrartísticas": religiosas e cerimoniais, dentro de um conjunto prefixado de atividades rituais.[32]

As vozes dos *alabês* espalham o canto nagô pelo ambiente alvo. O mundo canta ao respirar. Várias bandeirolas de papel de seda branco balançam do teto, e todos, amigos da casa, parentes, visitantes e convidados, estão também vestidos de branco.

No pensamento mítico, o espaço e o tempo nunca são considerados formas puras ou vazias. São vistos como as grandes forças misteriosas que governam todas as coisas, que regem e determinam não só a nossa vida mortal, mas também a vida dos Deuses.[33]

Uma roda de sacerdotes e sacerdotisas vestidos com trajes litúrgicos começa a se formar dançando, e abre-se então um círculo no meio do salão. Circularidade que dá início ao ritual do *Siré*. Cada religioso toma seu lugar na roda, conforme seu tempo de iniciação. A ordem hierárquica é expressa no centro da sala de festas; o círculo se fecha e a roda dança.

---

31. DUNCAN, Izadora, op. cit., p. 52.
32. MOSQUERA, Gerardo. África dentro de la Plástica Caribena, *Revista Arte e Cultura*, 1(I), São Paulo: 1990, p. 88.
33. CASSIRER, Ernst. *Ensaio sobre o homem*. São Paulo: Martins Fontes, 1997, p. 73.

Todos estão usando branco. As mulheres vestem camisu com saias rodadas, anáguas, batas e turbante; os homens, calças largas, abadá e *filá* na cabeça. Cada *filho* ou *filha* de Orixá adentra neste espaço consagrado em atitude ritualística. Eles cantam e dançam para o Orixá *Funfun*.

Perplexa, contemplo o quadro ritual que rapidamente se constituiu perante meus olhos. Agora, meus olhos se detêm nas particularidades do quadro: as pessoas na roda, segundo a ordem de nascimento iniciático; as pessoas circulando ao ritmo da música, leves como aves; os pequenos giros carregados de movimentos sutis, que só uma sabedoria alimentada pelos mitos pode transmitir. "O que o 'dançante' executa em particular no drama mítico não é uma mera representação ou espetáculo senão que o 'dançante' é o deus, se converte no deus",[34] no Orixá.

Quando se dança para Oxalá, a postura é associada à velhiee, o que se curva em nós. Atitude sábia, reverenciada como revelação do espírito.

> O símbolo é também uma das categorias do invisível. A decodificação dos símbolos conduz-nos – para retomar as palavras de Klee – "às insondáveis profundezas do sopro primordial", porquanto o símbolo anexa, à imagem visível, a parte do invisível percebida ocultamente.[35]

Podemos afirmar que há uma atitude sutil para evidenciar a importância da mesura no trato com o outro, expressa na dança, no ritmo, no silêncio. Essa atitude é perceptível entre as pessoas durante os rituais. Cantam para Oxalá, *Ajale, Princípio da Existência.*[36]

---

34. CASSIRER, Ernst. *Filosofia de las formas simbólicas.* 2ª ed., tomo II. México: Fondo de Cultura Económica, 1998, p. 64.
35. "*Esse ponto de vista é pormenorizadamente desenvolvido por Jean Servier, em seu livro* L' homme et l' invisible [*O homem e o invisível*]." CHEVALIER, Jean e Gheerbrant, Alain. *Dicionário de símbolos.* Rio de Janeiro: José Olympio, 1998, p. xxiii.
36. Faixa número 5 dos *Cantos para homenagear o centenário de Mãe Senhora*, Okan Awa, CD gravado nos Estúdios: WR discos, Salvador, Bahia, 2000.

Ajale moriola forikan
Ajale moriola forikan o
E ajo firi ri
Ajale moriola forikan
a jo firi ri
O idaro mo di bio
O tiba e baba bokule
Baba baba Asé o
O tiba e baba bokule

Dançar, em tempos de Oxalá, significa também declinar a cabeça em reverência à origem. "Em toda atividade mítica há um momento no qual acontece uma verdadeira transubstanciação, uma transformação do sujeito da atividade no deus que representa."[37] Os iniciados dançam como grandes aves tateando no interior de um vale desconhecido. Pode ser a entrada no âmbito sagrado.

Uma onda harmoniosa se espalhava pelo ambiente "iluminado" irradiando sabedoria. A perplexidade toma conta dos assistentes, alguns[38] tremem diante daqueles dançarinos "iluminados", plenamente integrados ao espaço ritual.

Perguntava-me se era a música que acompanhava a dança ou a dança que seguia a música. Os corpos tremeluzentes vibravam no ar numa cadência nobre. Canto e dança entrelaçados acompanhavam a música que se revestia de um poder mágico, terapêutico e destrutivo. Sentia-me temerosa e fascinada.

A música pois era todo o ambiente embalado pela emissão dos sons dos atabaques. A vibração do Axé fluía com a energia da dança. Daí por diante, o tempo passa a ser marcado pelo compasso do *òpàsoró* de Oxalá, com a incorporação dos sacerdotes e a manifestação dos Orixás.

O corpo de cada pessoa é composto de cabeça – Orí – e suporte da cabeça – àpéré. No entanto, o interior da cada pessoa, o orí-inu, é único e representa uma combinação de elementos intimamente ligados ao destino pessoal.[39]

---

37. CASSIRER, Ernst. *Filosofia de las formas simbólicas*, op. cit., p. 63.
38. Alguns se despedem da "festa" à francesa. Outros saem do Barracão caminhando aos tropeços, rodopiando. Alguns às vezes retornam, outros agradecem, e outros desaparecem do Terreiro.
39. THEODORO, Helena. *Mito e espiritualidade*. Rio de Janeiro: Pallas, 1996, p. 73.

A sintonia da unidade no ambiente era tal que, naquele instante, cheguei a pensar que delirava. Sentada em meu lugar, podia entrar na roda de dança e sair. Associando a experiência a uma filmagem, sentia-me ora como atriz, ora como diretora do meu próprio filme, imersa no cenário ritual *funfun* que se alternava entre o mito no *Orun* (além) e o rito no *aiyé* (mundo atual). Estava lúcida, engurujada e alagada pelo encantamento da luz mitológica.[40]

Neste ir e vir, observo a expressão estampada no rosto dos mais velhos do Axé, a força do bom humor e do mau humor, especialmente das mulheres.

Nessa noite, a idade é dignificada pelo toque lento, que leva os participantes a perceber como o tempo embeleza os anos de vida. Cada corpo dançante esconde o tempo vivido, o tempo que reflete a idade sagrada, idade interior. Dança que revela a própria dança existencial. O corpo perspirado navega numa onda sonora indutora de movimentos carregados de símbolos e significados, que expressam a qualidade da comunicação com as divindades.

Além de se ver, pode-se ouvir, entre os toques de saudações dos *ibás*, o tilintar das pulseiras e colares de contas brancas e o reluzir da prataria.

Cada passo representa faces do mesmo símbolo, reveladas na união do toque e do timbre. Cada toque introduz um gesto[41] e alimenta passo a passo a coreografia tradicional que evolui sempre,

---

40. Os mitos dançados no *Siré* falam, apresentam-se como transposições dramatúrgicas do orixá. Compõem uma cosmogonia que já deixa entrever um processo de racionalização. Nesse momento, o ritual revela a função mestra do mito, que segundo Eliade *"é, pois, a de 'fixar' os modelos exemplares de todas as atividades* (ações) *humanas significativas: alimentação, sexualidade, trabalho, educação"*. ELIADE, Mircea. *O sagrado e o profano*. Lisboa, s/d, p. 83. Chevalier, na Introdução do *Dicionário de símbolos*, desenvolve essa idéia ao afirmar que o *"mito aparecerá como um teatro simbólico de lutas interiores e exteriores a que o homem (a mulher) se entrega no caminho de sua evolução, na conquista de sua personalidade"*. CHEVALIER, Jean & GHEERBRANT, Alain. *Dicionário de símbolos*. Rio de Janeiro: José Olympio, 1998, p. 19.

41. Voltemos à introdução do *Dicionário de símbolos* que aborda o símbolo como categoria invisível. Diz Jean Servier que conforme Klee [...] *"o símbolo anexa, à imagem visível, a parte do invisível percebida ocultamente"*. Durante a dança mitológica do Orixá todos os assistentes da festa ficam banhados da energia invisível que a dança torna visível. CHEVALIER, Jean & GHEERBRANT, Alain. *Dicionário de símbolos*, op. cit., p. 18.

num universo espiritual. Senti com mais intensidade a pulsação da vida correr em meu tronco. Conhecimento esse incorporado pela pele, escuta, dança, pelo gesto e pela visão; percepção direta mediante a consciência. Esta é anterior ao que me faz pensar e perguntar: o que é o corpo neste âmbito sagrado?

A roda inicial se refaz e gira acrescida da presença dos Orixás que paramentados carregam *abebê* (espelho), *òpásóró* (a batuta de *Orí*) e *adè* (coroa de Orixá) acalantados pelos toques *igbim, Ijexá*, e finalmente o batá que acompanha o canto de saudação à *Odùdwà. Odudua areo are mo bolojo.*[42]

Muito tempo depois soube que o primeiro *Siré* do ciclo de Oxalá é chamado de Oxalá, mas a homenagem é a *Òdudwà*. Na verdade, o *Siré* é de *Òdudwà*, o Orixá que entre os mais velhos, associados à cor branca, é cultuado como o antiquíssimo Orixá *funfun*. Logo vem Oxalufã, grande Orixá *funfun*, o dono do Alá.

Segundo domingo: Domingo de Oxalufã – Procissão do Alá

Nesse domingo, dia de *Oxalufã*, o *Siré* público é precedido de um cortejo aberto por uma revoada de pombos brancos. São os mais velhos do *egbé* que soltam esses pombos-correio, enquanto os dignitários, senhores Obás e Ogãs, abrem o alá na frente da Cabana para cortejar o assentamento de Oxalá. Durante o vôo das aves, a cabaça de Axés retorna à "Casa" de origem, acompanhada de pessoas que dançam ao som dos tambores, sobre uma charola e debaixo de um grande alá extensivo a todos, aconchegada pelas vozes que cantam:

Alá fun Ko Iyá mi
Aso fun fun nitorixa
Aiyé ajale o
Ala fun fun nitorixa
Orí ó

---

42. VERGER, Pierre Fatumbi. *Notas sobre o culto aos orixás e voduns*. Trad. Carlos Eugênio Moura, São Paulo: Edusp, 1999, p. 474.

Um vasto pano branco é levantado e carregado pelos presentes e dignitários da Comunidade-Terreiro. Os religiosos se colocam sob a proteção desse Alá e seguem o cortejo ao longo da Roça, todos cantam para Oxalufã. Nessa procissão caminha-se com passos levemente dançados ao ritmo do antigo Orixá. Após reverências diante do *Ilê Ibo Aku*, casa de cumprimentos às antigas *Iás* ancestrais, o cortejo, rapidamente, faz uma visita à Casa de *Iye-omo-ejá* (Mãe dos filhos peixes), dando uma volta por dentro da Casa, que receptivamente espera de portas abertas. A Rainha das Águas (*Iá agbá funfun*) também está de preceito nessa ocasião, em especial para receber o Velho *Oxalufã,* o assentamento *ajubó,* acompanhado dos devotos, que retorna à Casa de Oxalá.

Após a visita a *Iyál'ode* (como os filhos chamam Iemanjá), encerra-se a caminhada diante do peji original (de onde a "cabaça" foi retirada à luz do luar, na madrugada das Águas). *O berekete o berekete iwa/Ibi olorigena o berekete babá.* Na porta de entrada da Casa Grande, o Alá, símbolo de proteção é cerimonialmente enrolado, enquanto a Ialorixá acompanhada de três sacerdotisas atravessa a porta da Casa *funfun,* entra carregando a charola que traz de volta o assentamento *ajubó* para o lugar de origem.

No interior da Casa *funfun,* Oxalá é cumprimentado, *Babá epa o* – em Casa, no trono (no pepelé) e manifesto no corpo dos sacerdotes do Orixá – com o canto ritual de saudação acompanhado de atabaques: *paóós, dobale* e *Iká.* Os filhos do Orixá incorporados são encaminhados ao Barracão de "Festas" para iniciar o segundo *Siré* público da temporada das *Águas.*

Esse *Siré* termina também como o anterior, uma roda de pessoas e Orixás circula e dança. Os atabaques acompanham o canto em ioruba: *Odudua areo are mo bolojo.*

Entre os três domingos de "festa", o que vem a seguir é o que com freqüência tem maior população de assistentes-convidados. *Orisagiyan* é o guerreiro *funfun,* a música é mais acelerada e a dança é mais intensa, será por isso? Não se sabe.

TERCEIRO DOMINGO: DOMINGO DE ORISAGIYAN — OJÔ ODÔ

Por ser o dia de Oxaguian, acrescenta-se a "conta" azul e branca no pescoço, uma vez que é um dia de muita reza, cantos e pode-se louvar o Orixá com um *Oriki*.[43]

Orisagiyan
O di tapa
O di gunu
O di mo ise
O di kanire
O di kija
Obatala oba I orisa
Aji kulu
Ele ala
Ajagun gereke
Epa Babá!
Ele tele je o eke

O terceiro domingo, dia de *Orisaguiyan,* Dia do Pilão, reveste-se de tudo para assim ser chamado. A raiz de inhame é o elemento que se apresenta, da cozinha direto para o Barracão de festas, como o prato de preceito. Este ritual relaciona-se então à colheita? Assim é sua tradição. O tubérculo em questão atravessa o rito e se expande pela cozinha, cozido em água pura, pilado e transformado em bolas. Nessa noite do Pilão, o inhame também é servido aos convidados da festa, no Barracão, no intervalo de realização da troca de roupas litúrgicas dos sacerdotes de *Orisaguiyan,* incorporados com Orixá.

Nesse dia usa-se muito brilho nas roupas, acrescenta-se o azul alternado com o branco, marca de *guiyan.* O prateado ressurge, aparecem todos os tipos de bordado e "panos-da-costa" e pulseiras prateadas, reverencia-se pois a prata. Após as obrigações internas do dia, o *Siré* dessa noite é particularmente cheio de simbolismo, tem início com o rito do *atori.*

---

43. *Oriki (Orisagiyan)* Ver VERGER, Pierre Fatumbi. *Notas sobre o culto aos orixás e voduns,* op. cit., 474.

[...] atorí, vara ritual feita da mesma qualidade de madeira com que são confeccionados os ixã, as varas instrumentos dos ojé, sacerdotes do culto aos Egungun, e que tem por finalidade controlar os limites entre nosso mundo, o aiyê, e o mundo dos ancestrais, o orun.[44]

O Dia do Pilão caracteriza e fecha o ciclo de renovação da existência. No meio do Barracão de "festas"

os Oxalás começam a obrigação das atorí. Primeiro Oxalá se senta e a Iyalorixá lhe entrega uma das varas. Em seguida entrega varinhas também às filhas mais velhas da casa. Tiram uma cantiga [...] Terminada essa obrigação tiram outra cantiga que inicia a divisão das comidas.[45]

Todo o espaço do Salão é reorganizado para os Orixás, como de costume, começarem a dançar o *Siré. Osagiyan kilodeo ka mu baba siré o/Ao baba siré o ka mu baba siré le.*[46]

Após duas ou três horas, "faz-se a roda para dar término à festa, fechando assim o ciclo das obrigações de Oxalá"[47]. Ciclo do Ritual de renovação do Axé do Terreiro, abertura oficial do calendário litúrgico das obrigações religiosas do culto aos Orixás na cidade de Salvador, Bahia.

Pode-se conceber esse tempo como de renovação e expansão do Axé da cidade e como não se sabe, sobre a fronteira do Axé *funfun*, concebe-se o *simbolismo* da Tradição dos Orixás – "concepção que as pessoas têm do símbolo e de sua utilização"[48] – presente, ao vê-lo escorrendo pelo Brasil, espraiado nas terras por onde o povo às sextas-feiras se veste de branco.

---

44. LUZ, Marco Aurélio. *Do tronco ao Opá Exin*. Salvador: Secneb, 1993, p. 82.
45. SANTOS, Deoscóredes (Mestre Didi). *História de um terreiro nagô*. São Paulo: Carthago Forte, 1994, pp. 58-9.
46. Canto de Tradição no Afonjá, durante o *Siré de Oxaguian,* convidando-o a ser cumprimentado enquanto ele dança o *Siré.*
47. "*No dia seguinte, faz-se uma obrigação para Exu*" e se dá andamento ao ciclo de *Ogum".* SANTOS, Deoscóredes (Mestre Didi). *História de um terreiro nagô.* São Paulo: Carthago Forte, 1994, p. 59.
48. CHEVALIER, Jean & GHEERBRANT, Alain. *Dicionário de símbolos.* Rio de Janeiro: José Olympio, 1998, p. xx.

Os pensamentos revoam em sintonia com as delicadas e quase imperceptíveis silenciosas ações que embebiam o salão de festa, de dança e suor.

Os conteúdos simbólicos possuem aquilo que C. G. Jung chama de "afinidade essencial". Em nossa opinião essa afinidade reside numa relação de formas e fundamentos inumeráveis, com o transcendente num dinamismo ascensional teleonômico. A partir do momento em que aparece uma relação de grau entre duas imagens ou duas realidades, uma relação hierárquica qualquer, seja ela fundada ou não sobre uma análise racional, um símbolo estará virtualmente constituído.[49]

Nesta "festa", em cada domingo se podem ver, nas faces molhadas dos dançarinos sagrados, as mutantes expressões reveladoras da amálgama com o espiritual. Ambas uníssonas, festa e ritual, na criação de uma verdadeira obra de arte sacra, embebidas num som que ressoa em todo o espaço. O Barracão de festas esteve nos braços dos deuses, ressona ninado por uma ritmada unidade de respiração.

Isto torna ainda mais evidente quando lembramos que a função do símbolo é justamente revelar uma realidade total, inacessível aos outros meios de conhecimento: a coincidência dos opostos, por exemplo, tão abundante e simplesmente expressada pelos símbolos, não é visível em nenhum lugar do Cosmos e não é acessível à experiência imediata do homem, nem ao pensamento discursivo.[50]

As festas *funfun* marcadas pelo calendário terminaram[51], o passado existe como categoria de Tempo, tempo como categoria do consciente e além disso Tempo é Orixá.

---

49. CHEVALIER, Jean & GHEERBRANT, Alain, op. cit., p. XXV.
50. ELIADE, Mircea. *Imagens e símbolos*. op. cit., p. 177.
51. No universo dessa sabedoria, também faz sentido o que diz Eliade em relação ao simbolismo na complementaridade dos planos espiritual e material. *Não faz sentido a separação entre esse planos*. Então, neste caso é possível pensar estendendo analogicamente e dizer: assim acontece com a Festa e o Ritual no Terreiro. Entende-se então que sem a festa ritual a vida do homem (mulher e criança) ficaria confinada aos limites de suas necessidades biológicas e seus interesses práticos; não teria acesso ao "mundo ideal" que lhe é

Nessa Tradição, o passado, em correlação com o corpo humano no âmbito dos vivos, associa-se às costas, atrás. Símbolo das retaguardas que se mantém dignamente atuante – impulsionando a nossa capacidade de movimento, expressão, deslocamento e realização –, associado às costas, morada da coluna vertebral, atrás. Simbolismo que *ultrapassa as medidas da razão.*

O passado não se desintegra, não se esquece, não se elimina, consagra-se ao Tempo. Vira âmbito sob proteção ancestral, postula-se à eternidade.

A originalidade é a propriedade dessa "festa". No meio de todo o questionamento histórico, social, econômico, étnico e cultural o Ilê Axé Opô Afonjá, há quase cem anos[52] dança o *Ritual do Siré.*

Uma das características sociais dessa "festa" – revelar sua própria força de *interpenetração* (propriedade dos símbolos) na sociedade soteropolitana –, como vimos é sua *lógica inclusiva,*[53] o que faz com que a Bahia possa religiosamente conviver com Orixás e de forma cultural dançar com deuses, por *afinidade essencial.*

AS "ÁGUAS DE OXALÁ" NA CULTURA DO POVO DA BAHIA

A religiosidade na cultura da Bahia é um caso à parte, principalmente quando se fala em espiritualidade, coloração e cultura:

---

aberto em diferentes aspectos pela religião, pela arte, pela filosofia e pela ciência. Cf. ELIADE, Mircea, op. cit., p. 177.

52. Esta força histórica despertou meu interesse em participar como pedagoga, na equipe do corpo técnico de especialistas da *Secretaria de Educação do Estado da Bahia* e Unicef, para a elaboração do *Projeto de Alfabetização Ecológica,* que depois de aprovado pelo *Conselho Estadual de Educação* se fez filosofia e currículo da *Escola Eugênia Ana dos Santos.* A idéia original do Projeto, o currículo de atividades e o nome *Projeto 100 Anos de Siré* são da minha responsabilidade (autoria). De 1988 a 1990, acompanhei a implantação do projeto no *Axé,* e de 1991 a 1992 o seu enraizamento como Escola no Terreiro Ilê Axé Opô Afonjá. Nesse período representei o projeto perante a Unicef.

53. *"No Brasil, 'índio', 'branco' e 'negro' se relacionam por uma lógica de inclusividade, articulando-se em planos de oposição hierárquica ou complementar. Com isso, o Brasil pode ser lido como 'branco', 'negro' ou 'índio', segundo se queira acentuar (ou negar) diferentes aspectos da cultura e da sociedade brasileira."* DAMATTA, Roberto, op. cit., p. 130.

Brasil e Tradição. Para abordar algumas considerações pertinentes à essa realidade citaremos o senhor Palomar, exímio observador astronômico e protagonista das sábias histórias que nos aproximam de Ítalo Calvino:

> O senhor Palomar é todo olhos, mas funciona quase sempre ao contrário, voltado não para a amplidão do espaço, mas para as coisas próximas do cotidiano. É como se ele nos dissesse que as grandes questões do mundo e da existência também estão presentes em cada objeto que observamos, em cada cena que presenciamos, e que tudo é digno de ser interrogado e pensado.[54]

Sabemos também que a presença do branco no vestir litúrgico da Igreja Católica é uma questão de salvação, portanto sacramental. Os sacramentos em geral requisitam o branco como símbolo de pureza e purificação. Os santos do Catolicismo e os orixás, nestes aspectos, falam a mesma linguagem na terra baiana.

No México, o senhor Palomar está visitando as ruínas de Tula, antiga capital dos toltecas. Acompanha-o um amigo mexicano, conhecedor apaixonado e eloqüente das civilizações pré-hispânicas, que lhe conta belíssimas lendas sobre o Quetzalcóatl. Antes de se tornar um deus, Quetzalcóatl tinha aqui em Tula seu palácio real; dele só resta uma porção de colunas truncadas em volta de um implúvio, algo parecido com um palácio da Roma antiga.[55]

Para a religião de Tradição e Cultura dos Orixás na Bahia, na *Roma antiga* vestir a roupa branca ritualística expressava um código religioso. Quando todos da comunidade vestem branco é indicativo de tempo ritual: vão entrar, ou estão em rito de "passagem". Um fato afro-cubano ilustra a relação que se tem com o branco nesta Tradição. Os recém-iniciados em Cuba, independentemente do Orixá, vestem a cor de Oxalá no primeiro ano de iniciação, da meia ao chapéu, extensivo ao abanico, o leque. Quando alguém

---

54. CALVINO, Ítalo. *Palomar*. São Paulo: Companhia das Letras, 1994, orelha do livro.
55. Idem, p. 88.

passa pelas ruas inteiramente de branco, as senhoras e as crianças pedem-lhe a bênção.

Não é para se tomar tudo isto ao pé da letra; por outro lado seria difícil demonstrar o contrário. Na arqueologia mexicana cada estátua, cada objeto, cada detalhe de baixo-relevo significa alguma coisa que significa alguma coisa que por sua vez significa alguma coisa.[56]

Em Salvador, alguns Terreiros adotam o preceito do uso desta cor depois do rito de "Saída". Na Nigéria, em *Ilé Ifé*, os sacerdotes de Oxalá freqüentemente usam a cor do Babá Orixá. No Ilê Axé Opô Afonjá, branco é a cor usada durante o ciclo de Oxalá, que influencia no comer, no beber, abrangendo os elementos consagrados aos rituais *funfun*, como vimos nos Capítulos 2, 3 e basicamente no 4. É a cor consagrada aos rituais de renovação e de passagem. Ritos que *amalgamam* os mitos com simbolismo os quais se fazem fundamento do objeto de pesquisa.

Passa a fila de escolares. E o professor: "Esto es un chac-mool. Não se sabe qué quiere decir", e segue en frente.
O senhor Palomar, embora acompanhando as explicações do amigo que o guia, acaba sempre por cruzar com os estudantes e entreouvir as palavras do professor. Fica fascinado pela riqueza de referências mitológicas do amigo: o jogo das interpretações, a leitura alegórica sempre lhe pareceram um exercício soberano da mente. Mas se sente atraído também pelo comportamento oposto do professor da escola.[57]

As *"Águas de Oxalá"* na Cultura do povo da Bahia constituem-se parte fundamental do desfecho da dissertação, para se explicitar ainda mais a segunda hipótese do estudo. Em meio à complexidade da Tradição, evidencia-se o poder de mediador cultural do *Ritual das Águas de Oxalá* e afirma-se que o poder do simbolismo desse ritual, pela *afinidade essencial* própria do símbolo, impregna-se na dimensão espiritual e social dos baianos.

---

56. CALVINO, Ítalo, op. cit., p. 88.
57. Idem, ibidem, p. 89.

Essa hipótese foi apresentada no Capítulo 3 e com mais afinco na análise do ritual do *Siré*, rito público presente nos Três Domingos de Festa. Estas "festas"-rituais deixam transparecer o simbolismo da Tradição afro-religiosa na Bahia e sua interação com a vida da cidade. Nessa vertente apoiamo-nos em DaMatta que confere o conceito de Tradição[58] *como uma coisa viva*, que faz jus a nosso argumento, daí trabalharmos também, do mesmo autor, com a categoria da *inclusividade*.

Uma pedra, uma figura, um signo, uma palavra que nos cheguem isolados de seu contexto são apenas aquela pedra, aquela figura, aquele signo ou palavra: podemos tentar defini-los, descrevê-los como tais, só isto; se além da face que nos apresentam possuem também uma outra face, a nós não é dado sabê-lo. A recusa em compreender mais do que aquilo que estas pedras mostram é talvez o único modo possível de demonstrar respeito por seu segredo; tentar adivinhar é presunção, traição do verdadeiro significado perdido.[59]

Pergunta-se agora pelas conseqüências do *Ritual das Águas* na sociedade soteropolitana. Particularmente em Salvador, há dois dias da semana, sextas e segundas-feiras, que, ao se andar pelas ruas da cidade, encontra-se uma população religiosa específica – em lugares apropriados como na igreja de São Lázaro, na igreja do Bonfim e na maioria dos Terreiros de Orixás, independentemente de nação – que está vestida de branco.

O vestuário baiano, de pobres e ricos, inclui no mínimo uma peça de roupa branca. Até os viajantes sabem disso, podem não saber exatamente por que se usa, mas têm conhecimento de que

---

58. "*Toda tradição é um fato da consciência e uma seleção. É um fato da consciência porque toda tradição nos diz o que deve ser lembrado (e quase sempre, quando e com que intensidade) e o que deve ser esquecido. Sendo justamente o resultado de uma complexa dialética entre essas duas modalidades de percepção, investimento e representação social, ela é também uma seleção, porque uma tradição implica distinções (e investimentos) num quadro infinito de possibilidades sociais e experiências históricas.*" Ver DaMatta, Roberto. *Conta de mentiroso. Sete ensaios de antropologia brasileira*. Rio de Janeiro: Rocco, 1993, p. 129.

59. Calvino, Ítalo, op. cit., p. 90.

uma roupa branca deve compor a sua bagagem, caso ele não queira vestir emprestado, ter de adquirir às pressas para se sentir à vontade durante a viagem, sentir-se leve como visitante.

É sexta-feira na Bahia. Quem não conhece os hábitos baianos pode confundir um(a) médico(a) com um(a) enfermeiro(a) e ambos com um sacerdote, "filho" de Oxalá ou Iaô recém-iniciado na religião dos Orixás, pois estes se vestem de branco nas sextas-feiras, especialmente na primeira de cada mês.

Em Salvador, nesse dia, podem-se facilmente encontrar jovens ou não fazendo suas caminhadas diárias à beira da praia, na orla marítima vestindo camisetas e por vezes até meias brancas, quando não estão inteiramente de branco.

> Por trás da pirâmide passa um corredor ou viela entre dois muros, um de terra batida, outro de pedra esculpida: o muro das serpentes. Talvez seja o recanto mais belo de Tula: no friso em relevo sucedem-se serpentes, cada uma das quais tem uma caveira humana nas fauces abertas como se estivesse para devorá-la.
>
> Passam os estudantes. E o professor: "Este é o Muro das Serpentes. Cada serpente tem uma caveira na boca. Não se sabe o que significam".
>
> O amigo não parece conseguir conter-se: "Claro que se sabe! É a continuidade da vida e da morte, as serpentes são a vida, as caveiras são a morte; a vida que é vida porque traz consigo a morte e a morte que é morte porque sem morte não há vida...".
>
> Os rapazotes ficam a ouvir de boca aberta, os olhos negros atônitos. O senhor Palomar pensa que toda tradução requer uma outra tradução, e assim por diante. Pergunta-se a si mesmo: "Que quereria dizer morte, vida, continuidade, passagem para os antigos toltecas? E que poderá querer dizer para esses garotos? E para mim?".[60]

Os descendentes da Cultura dos Orixás no Brasil associam cada dia da semana a um Orixá. Sexta-feira é dia de Babá Oxalá. Na Bahia, as *Casas de Axé*, os Terreiros, neste dia realizam *obrigações* internas específicas para este Orixá. Nas primeiras sextas-feiras do mês, no Ilê Axé Opô Afonjá os sacerdotes de Oxalá amanhecem o dia em ritual de *Ossé* (limpeza do pepelé) e refina-

---

60. CALVINO, Ítalo, op. cit., p. 90.

mento da comunicação com o Orixá em exercício da linguagem espiritual. Os iniciados limpam o pepelé de Oxalá, o peji com seus objetos simbólicos consagrados num assentamento que constitui o local sagrado de orações.

Quando a cidade acorda, os conhecedores dos princípios da Tradição dos Orixás amanhecem de branco, já cantaram, já cumprimentaram, já comeram acaçá com o Orixá da criação.

Nesse dia da semana, a cor que rege o vestir na Bahia não distingue a religião, sejam católicos ou não. Todos vestem branco para o ritual da missa na igreja do Bonfim. A festa, *Lavagem da Igreja do Bonfim*, é um grande cortejo religioso popular de celebração ao Senhor do Bonfim associado a Oxalá, que acontece em Salvador na segunda quinzena de janeiro, cujas igreja e festa são as mais freqüentadas entre as populares na Bahia.

> Nos tempos em que todos falam demais, o importante não é tanto dizer a coisa certa, que de qualquer forma se perderia na inundação das palavras, quanto dizê-la partindo de premissas e implicando conseqüências que dêem à coisa dita seu máximo valor. Mas então, se o valor de uma simples afirmação está na continuidade e coerência do discurso em que se encontra encaixada, a única escolha possível é entre se falar em continuação e não se falar nada.[61]

Outra festa popular de fundamento na qual o branco se faz presente é a *Festa de Iemanjá*, que acontece no dia 2 de fevereiro na praia do Rio Vermelho. Em todas as demais comemorações relacionadas às Águas ou à beira das Águas (rios, cachoeiras, lagoas, mar) o branco impera.

> Na verdade, mesmo o silêncio pode ser considerado um discurso, enquanto refutação ao uso que os outros fazem da palavra; mas o sentido desse silêncio-discurso está nas suas interrupções, ou seja, naquilo que de tanto em tanto se diz e que dá um sentido àquilo que se cala.[62]

Em Salvador, todo 16 de agosto, uma população contrita veste branco para ir à igreja de São Lázaro assistir ao Ritual da Missa, as-

---

61. CALVINO, Ítalo, op. cit., p. 94.
62. Idem, ibidem.

sociando o santo ao orixá Omolu (reverenciado-o como antigo Orixá protetor das doenças da pele). Na mesma igreja, como também na igreja de São Bartolomeu e nas Cachoeiras de São Bartolomeu, no dia 24 do mesmo mês, homenageia-se Oxumaré (Orixá associado ao arco-íris). Em ambas as festas religiosas populares, mesmo não sendo sexta-feira, os adeptos se vestem de branco. Às terças-feiras (dia da bênção para católicos), na igreja de São Francisco, onde a maioria que comparece é afro-descendente, usa-se branco outra vez.

"Um silêncio pode servir para excluir certas palavras ou mesmo mantê-las de reserva para serem usadas numa ocasião melhor."[63]

A partir da última sexta-feira do mês de setembro, o Ilê Axé Opô Afonjá abre o calendário religioso com as *obrigações* do ciclo de 16 dias com os Orixás *funfun* iniciando-se o *Ritual das Águas de Oxalá*. No calendário dos outros Terreiros, ou se está terminando o ciclo, ou ele se iniciará nas semanas seguintes. O certo é que na cidade surge gradualmente uma "onda" de branco nas vestes que aumenta e vai cobrindo o corpo, lavando o coração, limpando a cabeça de muitas pessoas em direção ao ano que se finda.

> Numa época em que a intolerância dos velhos para com os jovens e dos jovens para com os velhos atingiu seu ponto culminante, em que o que os velhos fazem é apenas acumular argumentos para finalmente dizer aos jovens aquilo que eles merecem e os jovens só esperam o momento de demonstrar que os velhos não entendem nada, o senhor Palomar não consegue dizer coisa alguma. Se às vezes tenta intervir numa discussão, percebe que todos estão por demais inflamados nas teses que sustentam para dar atenção àquilo que ele está procurando esclarecer a si mesmo.[64]

Na noite de 31 de dezembro, dia de confraternização universal, em que se festeja à beira da praia – um fenômeno social no Brasil –, os baianos vestem-se de branco, atitude integrada na linguagem espírito-gestual, não só na Bahia, como também na capital do Rio de Janeiro.

---

63. CALVINO, Ítalo, op. cit., p. 94.
64. Idem, ibidem, p. 95.

O dia 1º de janeiro em Salvador é parte do calendário oficial das festas religiosas da cidade, com a Procissão do Senhor dos Navegantes, na praia de Boa Viagem; independentemente de cor ou de credo, predomina o branco nos trajes. Também no carnaval baiano, o branco se faz presente. Todos os componentes do tradicional *Afoxé Filhos de Gandi* – os quais incluem na sua indumentária colares azul e branco em homenagem a *Oxaguian* – desfilam na avenida paramentados de branco. Saem da praça do Pelourinho dançando em ritmo Ijexá, superlotam a praça do Terreiro de Jesus, desfilam em direção à praça Castro Alves e tomam conta da avenida, na mais esplendorosa altivez de paz.

"A 'consciência mítica' e a 'mentalidade primitiva' não conspiram contra a razão, mas juntas compõem o ser humano de todos os tempos e lugares."[65]

Nessa imagem da Bahia vestida de branco às sextas-feiras há algo de excepcional, que vai além do clima que pede o uso de cores leves; está impregnado no estilo e enraizado por influência simbólica na cultura, numa terra onde tanto se fala de cor.

> Estando as coisas neste pé, o senhor Palomar se limita a ruminar consigo a dificuldade de falar aos jovens.
> Pensa: "A dificuldade vem do fato [...] Algo ocorreu entre a nossa geração e a geração deles [...]".
> Depois pensa: "[...] Penso que também eu quando jovem despertava reprovações, críticas, exortações, conselhos do mesmo gênero, e não lhes dava ouvidos [...]".[66]

Abrindo um parêntese, tratamos o assunto do ponto de vista de um legado consagrado, matriz conservada numa Tradição Nagô (por conta das contradições históricas e alternância dialética entre negros e brancos).

O senhor Palomar oscila demoradamente entre esses dois modos de considerar a questão. Depois decide: "Não há contradições entre os dois posicionamentos. A solução de continuidade entre as gerações

---

65. CHAMORRO, Graciela. *A espiritualidade guarani: Uma teologia ameríndia da palavra*. São Leopoldo: Sinodal, 1998, p. 186.
66. CALVINO, Ítalo, op. cit., p. 95.

depende da impossibilidade de transmitir a experiência, de evitar que os outros incorram nos erros já cometidos por nós. A distância entre duas gerações é dada pelos elementos que elas têm em comum e que obrigam à repetição cíclica das mesmas experiências, como nos comportamentos das espécies animais transmitidos como herança biológica; ao passo que os elementos de diversidade entre nós e eles são o resultado das mudanças irreversíveis que cada época traz consigo, ou seja, dependem da herança histórica que tenhamos transmitido a eles, a verdadeira herança pela qual somos responsáveis, mesmo se às vezes inconscientes. Por isso nada temos a ensinar: não podemos influir sobre aquilo que mais se assemelha à nossa experiência; não sabemos reconhecer-nos naquilo que traz a nossa marca.[67]

O uso da cor branca às sextas-feiras na cidade de Salvador revela valores de uma cultura, faz história e expressa rostos que vão além dos semblantes da identidade baiana a que todos integra. Ao olhar "[...] somos imediatamente tocados pela profunda verdade que se irradia desta imagem, e pela beleza dessa verdade".[68]

De onde vem, onde nasce essa disposição habitual arraigada nesse costume? Quais as idiossincrasias que fundamentam esse jeito particular de proceder?

A religião dos Orixás tem um pé na Confraria. Uma das matrizes expressas da cultura baiana tem o umbigo enterrado no *porta-jóias* de saberes sacros do Terreiro *mesmo se às vezes inconscientes*, e o Terreiro tem *Orí*, a origem, de Tradição. *Orí Aperê ó*.

---

67. CALVINO, Ítalo, op. cit., p. 96.
68. OSTROWER, Faiga. A construção do olhar. In: *O olhar*. São Paulo: Companhia das Letras, 1990, p. 167.

CONCLUSÃO

> *Logo, não basta que Palomar observe as coisas por fora e não por dentro: daqui por diante irá observá-las com um olhar que vem do exterior, não de dentro de si mesmo. Procura logo fazer a experiência: agora não é ele que está olhando, mas é o mundo exterior que olha para fora.*[1]

Observar em volta, olhar para trás e seguir em frente – *Lojú L'ona* – nos faz ver os indícios factuais do tempo, realçar as idéias, consagrar o antes à ascendência. No presente é autorizar-se a pensar e mediar considerações a partir da Bahia, usando a categoria da *supervivência* para qualificar a participação da Tradição Africana dos Orixás na construção da identidade do Brasil.

A Tradição africana está presente na cultura[2] brasileira, ela é visível na expressão de sua gente; na Bahia, especialmente, são sa-

---

1. CALVINO, Ítalo. *Palomar*, op. cit., p. 102.
2. Cultura aqui entendida na perspectiva de Alfredo Bosi, que na tentativa de explicar a cultura brasileira fala de *culturas* e admite a existência de "faixas culturais". Nesse sentido ele diz ser *"indispensável reter o conceito antropológico do termo 'cultura' como conjunto de modos de ser, viver, pensar e falar de uma dada formação social; e, ao mesmo tempo, abandonar o conceito mais restrito, pelo qual cultura é apenas o mundo da produção escrita provinda, de preferência, das instituições de ensino e pesquisa superiores"*. Esta visão reintegra nossa aproximação de entrada com Muniz Sodré que explicita sua idéia de cultura como base que fundamenta o relacionamento de um grupo com o real, a ponto de "outorgar-lhe" a identidade. O capítulo "Cultura brasileira e culturas brasileiras" no trabalho de Bosi levanta questões inerentes ao próprio *"caráter difuso"* do "Gigante Brasileiro" e nos faz repensar nessa particularidade mestiça que é o Brasil. Cf. BOSI, Alfredo. *Dialética da colonização*. São Paulo: Companhia das Letras, 1998, p. 319.

beres preservados mediante a oratura religiosa e seu fazer nos Terreiros de Tradição dos Orixás. Ela atravessou o oceano Atlântico, viajou além de suas próprias águas por 300 anos seguidos, afastou-se geograficamente do continente de origem. "Emana-se como um rio impetuoso que mais cresce, quanto mais se afasta da origem",[3] fundada na *afinidade essencial*, sem perder a sua essência: preservação do Axé. Incorporou-se por novos encontros, brotando amalgamada pelo conjunto de saberes que realçaram a liturgia do culto aos Orixás *funfun*.

Ela se renovou mesclada pela oralidade codificada na linguagem sagrada, que conjuga saberes em uma fusão de gente, artes e culturas, simbolismo da religião dos Orixás, configurada de um matiz preservado pelos antigos poemas que expressam a comunicação com o Oráculo de Ifá *e* Ifá *Olokun (Owó Mérìndínlógún)*. Tomou outra forma de origem organizada nas Casas-de-Axé: terreiros com uma base solidificada com a linguagem simbólica de mitos e ritos tradicionais, inerentes à natureza dos reinos (mineral, vegetal e animal), que constituem o universo regido pelos elementos água, fogo, terra, ar, admitindo-os entre o visível e o invisível.

Em outras palavras, sem entrar nos méritos da genética, mas falando da herança cultural que faz o perfil multifacetado da gente brasileira, algumas dessas faces da Tradição são legados presentes, de procedência africana, os quais fazem e vivem a História, matizam a cultura desde a época em que esta se desfronteirizou de sua terra de origem. Sobreviveu a todas as intempéries, e ao participar do processo de formação de um povo se estabeleceu como Gente, um expressivo traço da cultura, impôs sua face mais brilhante (arte, pensamento e religião), certa dignidade que particulariza o estilo de ser da sociedade baiana. A participação ativa da Tradição na História permitiu-lhe afirmar sua identidade na multifacetada cultura brasileira.

Essa *afinidade essencial* é o elemento *alquímico* da *sobrevivência,* que, em meio à complexidade histórica de origem da formação política do Brasil, fez com que se criasse uma espécie de resistência liqüefeita, em que escrever sobre experiência religiosa no Terreiro era perecer numa relação incestuosa com a fé.

---

3. ABBAGNANO, Nicola. *Dicionário de filosofia.* 2ª ed. Trad. Alfredo Bosi. São Paulo: Martins Fontes, 1998, p. 967.

Os desbravadores desse caminho literário foram os que reconheceram de imediato que uma experiência dessa natureza deve ser cuidadosamente documentada.

Na pesquisa, o Terreiro é o Ilê Axé Opô Afonjá, o espaço consagrado à religião dos Orixás a qual reverencia a natureza. Tendo-o como referência paradigmática de um campo apropriado à linguagem simbólica, foi-me possível vivenciar o universo mítico, místico e ritualístico mediante o método da modulação da atitude (ativa e produtiva) no processo de aquisição da linguagem simbólica da religião dos Orixás. Modulação essa como na música, variação, passagem de um modo ou de um tom para outro, segundo as regras da harmonia em consonância com a ambiência. *É da coisa observada que deve partir a trajetória que associa à coisa que observa.*

A dinâmica do *Ritual das Águas de Oxalá,* com sua poderosa invariabilidade de ordem, aí preservada nas inter-relações mediante o uso da linguagem religiosa, evidencia o poder do símbolo nas relações interpessoais e deixa transparecer seu benefício na dimensão intrapessoal, na construção de uma identidade individual e coletiva. Pode-se afirmar que ela qualifica a capacidade do ser humano de dialogar e dignifica a convivência com o outro. Isso fica claro na concepção de indivíduo e na reverência ao "mistério" individual de cada pessoa, o *Orí,* razão de nossa escolha pelo *Ritual* de Festa à Cabeça (*Orí*).

Esse estudo, além da significância intrínseca, quis ser uma expressão exegética do *Ritual das Águas de Oxalá,* que revela ser um rito de passagem original, ou seja, o rito do nascimento de *Orí* no *Aiyé,* paradigma mitológico do processo iniciático que deita raízes na *supervivência* (como o retorno do, *necessariamente, necessário)* da Tradição dos Orixás e estabelece uma *afinidade essencial* com o corpo psicosocioespiritual da Bahia, matriz de uma das culturas que perfazem a identidade brasileira.

A propriedade com que o Terreiro pratica e vive a religião explicita a qualidade da sua transversalidade simbólica, que revitaliza a propriedade de interpenetração do símbolo (o branco, as águas) a ponto de se poder conceber que o *Ritual das Águas de Oxalá* interage na vida da cidade. A Casa de Axé, como pólo cultural, solidariza-se com a sociedade onde está inserto. Reflete na vida dos adeptos e sonoriza o arcabouço (aviva a ancestralidade) dos que passam por lá em saudação.

Reverencia-se pois uma cosmogonia nessa esfera consagrada à continuidade dos valores atualizados no modo de ser e de existir, perfazem-se saberes ancestrais que conjugam o tempo sagrado com os deuses africanos, mediante a preservação dos valores de uma cultura e redistribuição de Axé. *Religião é vida, é cultura,* e esta reflete-se no estilo de vida da Bahia.

O capítulo *"Arqueologia do terreiro"* possibilita uma mostra de nuanças consideráveis de uma matriz cultural (que não se pode ocultar) sagrada que se origina no interior do "Ilé Orixá", que se desvela por intermédio dos mitos, dos ritos vivenciados e dos fatos analisados no decorrer dos três capítulos subseqüentes, os quais permeiam e constituem todo o estudo.

A análise do simbolismo do *Ritual das Águas de Oxalá* nos mostra facetas identificadas no Capítulo 4, ou seja, seus símbolos se mantêm vivos e pululam fora do Terreiro, intermeiando a comunicação entre a comunidade religiosa e a sociedade baiana, exercendo com propriedade o seu poder de forças unificadoras (função pedagógica e terapêutica de seus símbolos). O *Ritual* fortalecido na sua *epifania simbólica,* conservada na "Festa" pública (*Siré* de Orixá), exprime-se como autêntico mediador cultural. As Águas aparecem até mesmo do outro lado da baía, na *ilha de Itaparica,* e os que estão do lado de lá também se banham nessas *Águas,* além de poder apreciar quando elas deságuam pela cidade. Aumentam de volume no *rio Pituassu,* celebram com as areias brancas na *lagoa de Abaeté,* se espraiam criando ondas pelas *praias de Itapuã,* seguem o fluxo do oceano e passam pela *lagoa do Dique de Itororó* cumprimentando os Orixás, logo, flutuam como borboletas líquidas na descida para a Cidade Baixa e encontram-se com as outras *Águas* da Baía de Todos os Santos. Tudo isso em Salvador.

Ao se inserir este diálogo num contexto antropológico, ao lado das Ciências da Religião, priorizam-se algumas considerações abertas à comunidade acadêmica extensivas às novas gerações. Diante da expressão de Axé desse tesouro de conhecimento, estimamos nosso trabalho sobre o ritual, isto é, um longo processo de estudo que evolui para reflexões na área do crescimento humano, rejuvenescendo idéias na área de pesquisa, ampliando possibilidades de aprofundamento no processo de desenvolvimento da capacidade física e intelectual do ser humano, visando à sua melhor integração individual e interação socioespiritual. Ao Ilê Axé Opô Afonjá, minha gratidão. *Eleda mi Ase Oriré fun o.*[4]

---

4. Um gesto de nobreza habitual de agradecer em ritual, que não é exatamente um agradecimento mas a certificação do quão valiosa é a participação de outra pessoa ou de um grupo no caminho existencial de quem profere a expressão que segue acompanhada de um leve declinar com a cabeça. Descrevendo: A *matéria* da qual foi amalgamada meu *Orí*, na origem, ou seja, que o "dono" da minha "cabeça" queira aceitar (atribua, retribuindo a aceitação) a oferenda. A resposta aparece em seguida *Ìbá á se.*

GLOSSÁRIO

ACAÇÁ (*eko*) – papa à base de milho branco triturado e peneirado, cozida com água, sem sal e sem açúcar, mexida no fogo com uma colher de pau especial. Ainda morna se enforma na folha fresca de bananeira de jardim. Esse pudim, depois de frio e fora da folha, é oferenda para o Orixá Oxalá.

ADJÁ – elemento de ritual, campânula de prata ou metal branco em forma de cone com uma haste, usado pelos sacerdotes do culto. Instrumento sonoro consagrado à saudação ao Orixá Oxalá.

AGBORÍ (*bori, igbori*) – rito de "comida à cabeça" (*ebo Orí*). Rito preparatório que se realiza na véspera das Águas de Oxalá; oferenda do obi ao *Orí* individual de cada participante.

AIYÉ – espaço onde existe ar, o mundo terrestre.

ALÁ – *Àlá*, símbolo de proteção à vida. No Terreiro é simbolizado por um grande pano branco imaculadamente limpo, alvíssimo. Ele estendido, e elevado, acolhe o assentamento de Oxalá e os participantes que acompanham o cortejo no dia da procissão do Alá – no domingo do Alá – segundo domingo do ciclo das Águas de Oxalá, simbolizando a proteção de Oxalá aos que vivem.
O Alá é representado também pelo pano-da-costa, peça da roupa litúrgica que é usada estendida sobre as costas dos iniciados quan-

do incorporados com Orixá *Funfun*. Peça individual de fundamental importância usada para cobrir todo o tronco durante o ato ritualístico de carregar água na madrugada de sexta-feira, das Águas de Oxalá.
Alá também significa sonho, "mundo subconsciente". Na concepção dos búzios (oráculo), a palavra *àlá* significa uma visão, uma abertura, um caminho, uma mensagem, experimento e sentimento, tudo no nível "subconsciente" como uma função de explicar, ilustrar e educar a natureza humana. Acredita-se que o alá mantém a existência enquanto aberto.

ASSO FUN FUN – roupa branca de ritual. Para alguns, roupa de ração usada durante as cerimônias de passagem ou durante o Ritual das Águas de Oxalá.

ÀSÉ – axé, força vital que promove os acontecimentos. É uma qualidade de energia latente mobilizada pelo aspecto sensível dinamizado nas relações, daí dizer que é doada. Energia primordial que promove a vitalidade enraizada do ser humano com o que se tem de mais antigo dentro de si mesmo, *Orí*. É possível de ser "redistribuída" em ritual entre os humanos que sabem conservá-la como dádiva do Universo. De forma sagrada é passada de mãe para filhos, todos a possuem; é relíquia de nascimento selada durante o parto. Na cultura africana religiosa, esta energia se cultiva, cultua e renova numa dimensão religiosa. O preceito da "redistribuição" do Axé se estende ao fundamento de criar e manter as relações sagradas entre pessoas, amigos ou entes que se amam.
Portanto, é considerada o arqueiro do amor entre os povos. É a força que permite fluir os acontecimentos. É o princípio que torna possível o processo vital. O Axé é nutrido no âmago líquido, nas entranhas do nosso corpo, no sangue, força que sustenta e move a Tradição. A palavra Axé também pode ser pronunciada e ouvida como forma de agradecimento. Axé.

ÀSESE OU AXEXÊ: origem, morte e ressurgimento. *Àssèssè* – ritual de passagem, rito de morte, os participantes do ritual vestem-se de branco.

BABÁ – título honorífico de Oxalá, Pai ancestral, o princípio masculino que transita em volta do trono, arrodeia o assento se impondo com a pompa do não-criado, do não-parido, mas do que mantém a vida dos criados com o alá aberto em proteção aos nascidos, protegidos de *Orí*.

CULTO *LESSE EGÚN* – culto aos Ancestrais, Sociedade Secreta de Culto aos Egungun.

CULTO *LESSE ÒRÌSÀ* – culto aos Orixás, culto de origem africana que tem a função de reverenciar os princípios de união com os demais elementos da natureza visível e invisível. Na Bahia se estabelece na religião dos Orixás. Como não se sabe de que lado estão os invisíveis, concebe-se que o culto se dá diante dos pés do Orixá. Toma-se como parâmetro a água (Iá, Omi, Olori), a mãe de *Orí*. A atmosfera (ar) é representada por Oxalá, e a vegetação (Orixá *Oóónko*), por Iroco, o patrono do reino vegetal, o deus da hemoglobina. Onile (dono da terra) é representado pelos demais reinos existentes que contêm o fogo. Considerando-se a expressão instintiva, o impulso sanguíneo, o Orixá Ogum é o mediador espiritual de transformação que representa o filho, o nascido por natureza. O músico, o iniciador da arte no *Aiyé*, é considerado também o fundador da Sociedade Secreta de Culto aos Eguns.

DOBALÉ – expressão gestual masculina do rito de saudação aos Orixas, a saudação mítica de Oxalá para com a natureza feminina.

EBOMI – sacerdotes da religião dos Orixás que já cumpriram as obrigações do tempo de *Iyawo*, passaram ao estatuto de *Egbomi*, sacerdotes ou sacerdotisas com todas as obrigações iniciáticas realizadas.

ECODIDÉ – nome que se dá a uma pena vermelha de fundamento ritual, símbolo da menstruação.

EFÚN – pó à base de cal, giz, em forma de bolas ou de montanha como fazem os cubanos. Depois de consagrado torna-se elemento ritual presente em quase todos os rituais, fundamentalmente nos ritos de passagem (morte e nascimento). Possui significância abrangente, pois é o pó selador da ancestralidade, segundo Mãe Stella. Espécie de proteção usada pelos iniciados para cruzar o corpo, significa também farinha.

EGÓ DE OXALÁ – prato preparado unicamente com grãos de milho branco (sem a casca e sem o olho), bem cozido em água pura sem sal e sem açúcar. Como o nome indica, próprio para oferenda a Oxalá.

FUNFUN – branco, uma das palavras-chave do texto. Oxalá é conhecido como o grande Orixá funfun, tudo ligado a Oxalá pode ser adjetivado com *funfun*, como noite *funfun*, madrugada *funfun*. A etimologia mítica vem do Alá, símbolo da energia antiga que dá sustentação à vida dos vivos ou dos mortos.

GÉLÈDE – tradicional sociedade secreta feminina.

IGBAORÍ – a bola do mundo, apresentada por uma cabaça redonda pintada com *efún* e dividida ao meio. Aparece muitas vezes entre as esculturas iorubanas, encostada no ventre feminino (representando o Orixá Oxum).

IGBIM *ÌGBÍN* – caracol terrestre, conhecido no universo dos Terreiros como o "Boi de Oxalá".

IGI ÒPÈ – dendezeiro, palmeira de grande valor real e simbólico para os afro-religiosos da Tradição dos Orixás. De seus frutos é extraído o azeite-de-dendê (espécie de emblema da Tradição). Caroços do fruto dessa palmeira são consagrados como instrumento de consulta ao Oráculo de Ifá (deus da sabedoria). Sua sombra é considerada morada de ancestral. Essa palmeira oferece suas folhas durante o Ritual das Águas para a construção do telhado da Cabana que durante os 16 dias do rito se faz morada provisória de Oxalá. Local onde se assenta o pepelé coletivo para o ritual.

IJALÁ – tipo de poesia tradicional dos caçadores iorubanos; são cantos de saudações às folhas e aos animais, que revelam amor para com a natureza, traduzindo o significado e a expressão de sua história cultural, ética, filosofia e crença. No contexto religioso dos Orixás na Bahia nem tudo são flores, mas os cantos *Ijàlá* são cantos de fundamento presentes em todos os rituais que envolvem as folhas e os animais. Ritos com os quais se saúda ao Orixá da cura, *Ossaiyn*.

IKA ÒSI IKA ÒTÚN – expressão gesto-ritual feminina de saudação aos Orixás que simboliza a reverência feminina ao mistério (que demanda algo insuportável à razão) da transformação.

IÁ – mãe de Axé, Ialaxé, Ialorixá. Palavra reduzida do termo que significa e fala sobre um dos princípios femininos mais antigos da Criação: *Iyagbalabá* – *Agbalabá*, *Iyagbá*.

IALORIXÁ – mãe de Orixá, sacerdotisa iniciada com obrigações cumpridas, preparada para o exercício do sacerdócio do Culto aos Orixás, Mãe de Axé, Mãe espiritual.

IÁ/*OSSUN*/*OLÓRÍ* – mãe de *Orí*. Iá que incorpora a função maternal na mitologia africana representada em corpo feminino que carrega o mistério.

IYAGBÁS – mulheres de conhecimento que personalizam a sabedoria do princípio feminino, as rainhas, amantes de *Obal'Orun* – o rei do Orun – o imanifestável. Na sabedoria africana, *Olokun* é a referência do movimento ondular do líquido do corpo e seu poder de transformação representado pela natureza feminina. Onde houver ar, aí estão as *Ìyàmis* (Mães Ancestrais), que limitam e estabelecem a fronteira entre o Aiyé do *Orun*. As mulheres detentoras da sabedoria iniciática, propulsoras de Axé, criadoras de Orixá – segundo a mitologia de Ifá – são mobilizadas a participar da criação, pelo conflito das forças opostas entre o *Aiyé* (visível) e o *Orun* (invisível). Em situações-limite, simbolicamente se transformam em mulheres-pássaros, mulheres-peixes e ocupam o *Aperé* (fonte de origem), local de transformação, em nome dos pólos contrários: nascer *versus* morrer.
É papel fundamental das *Iyagbás* manter vivas e despertas todas as épocas memoráveis da participação masculina na evolução da humanidade. Por natureza exercem a função participativa no processo de crescimento e continuidade da vida, evolução que resulta no aparecimento de gerações e gerações, interligadas pela comunicação direta com *Iá l'Ori*, Mãe de *Orí*.

ÌYÀMI-AGBÁ – mãe ancestral, que ocupa o lugar simbólico de representação da origem dos mistérios da vida. A força maternal da fonte da origem, a criadora que transforma e repassa o Axé como princípio *agbá*. Mitologicamente representada por um banco de espelhos no fundo do mar, local meio oculto; assento que contém a origem da existência. Daí se origina o pèpéle (símbolo da fonte de origem, lugar da criação), nos terreiros são lugares de assentamentos de Orixá.

IREMOJÉ – cantos apreciados durante os rituais de morte; expressam a sabedoria mais antiga, poesia de Tradição de considerável mérito estético.

MÀRÌWÒ – nome mítico dado às folhas novas do dendezeiro, folhas desfiadas usadas como proteção das portas principais das Casas de Orixá, também conhecidas como vestimenta do Orixá Ogum.

OBI (cola acuminata) – fruto de origem africana transplantado no Brasil. Usado como elemento de consulta ao Oráculo. Noz que se oferece em ritual de consulta aos Orixás, elemento ritual de alta importância que também se oferece à cabeça durante o ritual de *agborí* – ritual de proteção e preparação, rito de comida à cabeça (*Orí*).

OJÁ *ORÍ FUNFUN* – espécie de echarpe branca, peça do vestuário litúrgico, pano longo específico para envolver a cabeça em forma de turbante.

OPASORÓ/OPAXORÔ *(òpásoró)* – cetro prateado que representa a suprema ligação entre o *Aiyé* e *Orun*, usado como paramento dos filhos de Oxalá quando estão manifestados. É um dos objetos rituais mais carregados de simbologia e preceitos, emblema de fundamento do Orixá Oxalá. A batuta de *Orí*. Espécie de cajado feito de metal prateado com cerca de um a um metro e vinte de altura, encimado por um pássaro também de metal, com discos do mesmo metal distribuídos ao redor da haste ao longo da barra. Nos discos há uma variação de objetos pendulares que balançam quando o cetro é carregado pelo Orixá manifestado durante o *Siré*.

ORÍ – força primordial, descende da morada de *Olokun* e Orixanilá; origina-se no *Orun* (âmbito desconhecido) e é considerado morada dos ancestrais. *Orí* é o primeiro ancestral e o primeiro Orixá de cada um que nasce. É o ancestral vivo que individualiza o ser numa relação sagrada consigo mesmo. É a entidade sobrenatural do elemento ar representado por Oxalá, o grande espírito. *Orí* também é o primeiro ato de um espetáculo ou o capítulo inicial de um livro. *Orí* não conhece morte. Quando o corpo morre no *Aiyé*, *Orí* nasce no *Orun*. Para *Orí* não existe fronteira entre o *Orun* e o *Aiyé*. Todos têm *Orí*. Ele permite que o feto vingue e culmina sua incorporação no *Aiyé*, sela sua existência após o bebê tomar a primeira mamada. A cabeça o representa.

Òrìsà ou Òrìssà/Orixá – deuses e deusas, habitantes originais do *Aiyé*, os primeiros povoadores do mundo, antes da espécie humana. Testemunhas dos nascimentos, da evolução e das mortes dos seres que constituem o *Aiyé*. Entidades que coroaram a vida na Terra.

Orikís – cântico, narrativo, invocatório, presentificador de louvor ao Orixá abrangendo o nome iniciático.

Orixá Oóónko – linhagem de Orixá ligada ao reino vegetal e, por extensão, pela água, ao reino mineral, animal e ao reino espiritual. Iroco (chamado de Seiva em Cuba) é a árvore consagrada que acolhe o laço branco representando essa força de transformação no interior dos Terreiros de Orixás. Ogum, o mediador por natureza, se concebe associado ao ferro existente na Terra, e particularmente ao ferro em nosso sangue.

Orobó (*Garcinia Gnetoides*) – fruto de origem africana que no Brasil se oferece a Xangô, como também elemento ritual (*ebo Ori*) do filho iniciado do Orixá *Sangò* (Xangô).

Orun – dimensão invisível concebível mitologicamente para admitir a existência de outro nível em que, de forma simbólica, se dão as ocorrências antes e depois do nascimento, onde passam os ancestrais, no antes, no depois. O mundo desconhecido dos ancestrais, o campo do mistério que toma forma simbólica em nossa imaginação como morada de Oxalá. O Além.

ÒSI – o lado esquerdo do corpo.

ÒSSANYÌN/OXANIM – Orixá da cura. Representado pelas folhas, ou seja, ambientação da floresta, extensivo ao estômago por sua suntuosa função.

OSSUNL'ADÉ – nome sacerdotal, que se lê OxunLadê, orukó, nome que se recebe durante o processo iniciático, signo de individuação pessoal e do Orixá da pessoa; significa o que nasceu coroado sob a proteção do Orixá das águas doces, *Ossun*.

OSU – o alto da cabeça, a moleira.

ÒTÚN – o lado direito do corpo.

PARAMENTOS – adereços (coroas, pulseiras, colares), parte da roupa ritualística, consagrados ao uso pelos sacerdotes iniciados no culto aos orixás.

PÈPÉLE – palavra de origem iorubana que significa lugar consagrado ao culto, peji como geralmente é conhecido. No Afonjá se diz: Pepelê de Orixá (uma espécie de altar). Cada Ilê Orixá tem seu *pèpéle*, espaço delimitado, consagrado à entidade cultuada. Local que se constitui assentamento de Orixá. Símbolo que representa espaço primordial da criação.

QUARTINHA – jarra de barro usada para conter a água que acompanha todos os assentamentos, elemento de ritual presente em todos os pejis. Simboliza a prosperidade associada ao Orixá feminino das águas fluviais.

SIRÉ – Pronuncia-se xirê: brincar. A raiz da palavra significa encontro com alegria, culminância ritual de encontro com os Orixás em que se preserva a qualidade do humor. O ritual público que ocorre no Barracão com visitas e assistentes. É uma cerimônia festiva que se realiza no final da tarde até a noite, culminância de um dia litúrgico de obrigações religiosas nos Terreiros. No salão de festas públicas, esse ritual começa quando os iniciados saúdam a porta de entrada, saúdam a orquestra sagrada, saúdam a Ialorixá do Terreiro e os músicos (os Alabés) tocam e cantam para Ogum. As pessoas se organizam em harmonia circular. A roda de iniciados se faz no meio do salão, quando cada iniciado(a), paramentado(a) para a ocasião, toma seu lugar no círculo, organizando-se por tempo de iniciação. Em geral os Orixás se apresentam (se manifestam para dançar) pelas incorporações. Os Orixás presentes conduzem a festa, por isso ouve-se: *Siré* de Orixá. Os Orixás são cumprimentados pelos atabaques, pela música, pelos cantos e pelos presentes com abraços. Com gestos consagrados eles se reverenciam, saúdam-se entre si e chegam para dançar os mitos (histórias sagradas), abençoando os participantes. *Siré* é um rito de encontro – entre deuses, homens, mulheres, crianças e antigos, com dança, música, atabaques, cantos e saudações – que se realiza durante as comemorações do ciclo de festas consagradas de um Terreiro, Casa de Axé.

Bibliografia

Livros

ABBAGNANO, Nicola. *Dicionário de filosofia.* 2ª ed. Trad. Alfredo Bosi. São Paulo: Martins Fontes, 1998.

ABIMBOLA, Wande. *Sixteen great poems of Ifá.* Unesco, 1975.

AJAYI, Omofolabo. *Yorubá dance. The semiotics of movement and body attitude in a Nigerian Culture.* Trenton – New Jersey: African World Press, Inc., 1998.

AJUWON, Bade. *Funeral dirges of Yoruba hunters.* Lagos: Nok Publishers Nigéria Ltd. 1982.

ALVES, Rubem. *Filosofia da ciência.* São Paulo: Loyola, 2000.

_____. *Lições de feitiçaria.* São Paulo: Loyola. 2000.

BACHELARD, Gaston. *La intuición del instante.* 2ª ed. Trad. Jorge Ferreiro. México: Fondo de Cultura Económica, 1999.

BADIRU, Ajibola I. *Ifá Olókun.* Olinda: Gap, 1989.

BARBOSA, Jorge Moraes. *Obí, oráculos e oferendas.* Olinda: Gap, 1993.

BASCON, William Russell. *Sixteen cowries, Yoruba divination from Africa to the New World.* Bloomington and London: Indiana University Press, 1980.

BEAINI, Thais Curi. *Máscaras do tempo.* Petrópolis: Vozes, 1995.

BERNARDO, Teresinha. *Memória em branco e negro: olhares sobre São Paulo.* São Paulo: Educ/Fapesp/Unesp, 1998.

BOSI, Alfredo, *Dialética da colonização.* São Paulo: Companhia das Letras, 1998.

BOTAS, Paulo. *Carne do sagrado. Edun Ara. Devaneios sobre a espiritualidade dos orixás.* Petrópolis: Vozes, 1996.

BRITO, Ênio José da Costa. *Anima brasilis. Identidade cultural e experiência religiosa.* São Paulo: Olho D'Água, 2000.

BRITO, Regina Lúcia Giffoni Luz. *Escola, cultura e clima. Ambigüidades para a administração escolar.* Tese de doutorado em Educação: Supervisão e Currículo. Pontifícia Universidade Católica de São Paulo, São Paulo, 1998.

BRUNEL, Pierre. *Dicionário de mitos literários.* Trad. Carlos Sussekind. Rio de Janeiro: José Olympio, 1997.

CARYBÉ, Hector Bernabó. *Icnografia dos deuses africanos no candomblé da Bahia.* Rio de Janeiro: Raízes, 1980.

CALVINO, Ítalo. *Palomar.* São Paulo: Companhia das Letras, 1994.

CAMPBELL, Joseph. *A imagem mítica.* Trad. Maria Kennedy e Gilbert E. Adams. Campinas: Papirus, 1994.

_____. *O herói de mil faces.* São Paulo: Cultrix/Pensamento, 1997.

_____. *O poder do mito.* São Paulo: Pallas Athena, 1998.

CARMO-NETO, Dionísio Gomes do. *Metodologia científica para principiantes.* Salvador: Editora Universitária Americana, 1992.

CARVALHO, José Jorge. *Cantos sagrados do xangô do Recife.* Brasília: Fundação Cultural de Palmares, 1993.

CASSIRER Ernst. *Ensaio sobre o homem.* São Paulo: Martins Fontes, 1997.

_____. *Filosofia de las formas simbólicas.* 2ª ed. México: Fondo de Cultura Económica, 1998.

CHEVALIER, Jean & GHEERBRANT, Alain. *Dicionário de símbolos.* Rio de Janeiro: José Olympio, 1998.

CHAMORRO, Graciela. *Kurusu Ñe'engatu. Palabras que la historia no podría olvidar.* Assuncion: Talleres Gráficos de Litocolor, 1995.

_____. *A espiritualidade guarani: Uma teologia ameríndia da palavra.* São Leopoldo: Sinodal, 1998.

DAMATTA, Roberto. *Conta de mentiroso.* Rio de Janeiro: Rocco, 1993.

_____. *Torre de Babel.* Rio de Janeiro: Rocco, 1996.

DANIEL, Yvonne La Verne Payne. *Ethnography of rumba: dance and social change in contemporary Cuba.* Dissertation, Doctor of Philosophy in Antropology in Graduate Division of the University of California at Berkeley, 1989.

DEOXALÁ, Adilson Martins. *Igbadu. A cabaça da existência.* Rio de Janeiro: Pallas, 1998.

DIAS, Lucy e Gambini, Roberto. *Outros 500, uma conversa sobre a alma brasileira.* São Paulo: Senac, 1999.

DREWAL, Margaret Thompson. *Yoruba ritual: performers play agency.* Bloomington and Indianapolis: Indiana University Press., 1992.

DUNCAN, Izadora. *Izadora fragmentos autobiográficos.* São Paulo: LPM, 1981.

EDINGER, Edward F. *Ego e arquétipo.* São Paulo: Cultrix, 1995.

ELIADE, Mircea. *Imagens e símbolos.* São Paulo: Martins Fontes, 1996.

_____. *Tratado de história das religiões.* São Paulo: Martins Fontes, 1998.

_____. *Origens. História e sentido na religião.* Lisboa: Edições 70, 1969.

_____. *O sagrado e o profano.* LBL Enciclopédia. Lisboa: Livros do Brasil, s/d.

FAEDRICH, Nelson Boeira. *Orixás. Deuses do panteão africano.* Texto de Luiz da Silva Ferreira. Porto Alegre: Globo, 1978.

FEINSTEIN, David & Krippner, Stanley. *Personal mythology.* New York: Jeremy P. Tarcher, inc., 1988.

FRANZ, Marie-Louise Von. *Adivinhação e sincronicidade*. São Paulo: Cultrix. 1993.

FURÉ, Rogelio Martinez. *Diálogos imaginarios*. Havana: Editorial Arte y Literatura.

GEERTZ, Clifford. *O saber local*. Petrópolis: Vozes, 1997.

GIRARD, Marc. *Os símbolos na Bíblia*: ensaio de teologia bíblica enraizada na experiência humana universal. Trad. Benôni Lemos. São Paulo: Paulus, 1997.

HILLMAN, James. *O código do ser*. Rio de Janeiro: Objetiva, 1997.

ìDOÒWÚ, E. Bólájí. *Olódùmarè, God in Yorùbá belief*. New York: Wazobia, 1994.

JUNG, Carl Gustav. *Psicologia e alquimia*. Petrópolis: Vozes, 1994.

_____. *Psicologia e religião*. Petrópolis: Vozes, 1995.

KELEMAN, Stanley. *Anatomia emocional*. São Paulo: Summus, 1997.

LUZ, Marco Aurélio. *Do tronco ao opá exin*. Salvador: Secneb, 1993.

MACHADO, Vanda. *Ilê axé. Vivências e invenção pedagógica. As crianças do Opô Afonjá*. Salvador: Edufba, 1999.

MAY, Rollo. *A coragem de criar*. Trad. de Aulyde Soares Rodrigues. Rio de Janeiro: Nova Fronteira, 1982.

MARTINEZ, Francisco Lerma. *O povo mácua e a sua cultura. Análises dos valores culturais do povo mácua em seu ciclo vital* (Mauá, Moçambique, 1971-1985). Trad. José F. da Rocha Martins. Tese de doutorado em Missiologia na Pontifícia Universidade de Roma. Instituto de Investigação Científica, Lisboa, 1989.

MICHAELIS. *Dicionário prático. Inglês-português, português-inglês*. São Paulo: Melhoramentos, 1987.

MOTTA, Roberto Mauro Cortez. *Edjé balé. Alguns aspectos do sacrifício no xangô de Pernambuco*. Tese de concurso para professor titular de Antropologia no Departamento de Ciências Sociais do Centro de Filosofia e Ciências Humanas. Universidade Federal de Pernambuco, 1991.

NEUMANN, Erich. *A grande mãe*. São Paulo: Cultrix, 1999.

OSTROWER, Fayga. *Criatividade e processos de criação*. Rio de Janeiro: Imago, 1977.

OTTO, Rudolf. *O sagrado*. Lisboa: Edições 70 (s/d).

PRIORE, Mary Del. *Festas e utopias no Brasil Colonial*. São Paulo: Brasiliense, 1994.

RIBEIRO JUNIOR, Jorge Cláudio. *A festa do povo*. Petrópolis: Vozes, 1982.

RISÉRIO, Antonio. *Oriki orixá*. São Paulo: Perspectiva, 1996.

ROCHA, Agenor Miranda. *Caminhos de Odu*. Rio de Janeiro: Pallas, 1999.

RODRIGUÉ, Emílio. *Gigante pela própria natureza*. São Paulo: Escuta, 1991.

SANTO, Ruy Cézar do Espírito. *Pedagogia da transgressão*. Campinas: Papirus, 1996.

SANTOS, Deoscóredes (Mestre Didi). *Contos de mestre Didi*. Rio de Janeiro: Codecri Ltda., 1981.

_____. *História de um terreiro nagô*. São Paulo: Carthago Forte, 1994.

SANTOS, Inaicyra Falcão dos. Ritual dance in Bahia. Tese de mestrado apresentada na Faculdade de Artes da Universidade de Ibadan, Nigéria, 1984.

SANTOS, Inaicyra Falcão dos. *Da tradição africana brasileira a uma proposta pluricultural de dança–arte–educação.* Tese de doutorado apresentada na Faculdade de Educação da Universidade de São Paulo. São Paulo, 1996.

SANTOS, M. Stella de Azevedo. *Meu tempo é agora.* Curitiba: P. Centrhu, 1985.

SANTOS, Milton. *A natureza do espaço.* São Paulo: Hucitec, 1996.

SANTOS, Juana Elbein. *Os nagô e a morte.* Rio de Janeiro: Vozes, 1975.

SANTORO JR., Antônio. *Breve análise de uma obra de arte.* São Paulo: Grafistyl Editora Gráfica Ltda., 1976.

SALAMI, Sikiru. *Poemas de Ifá e valores de conduta social entre os yoruba da Nigéria.* (África do Oeste). Tese de doutorado em Sociologia. Universidade de São Paulo. São Paulo, 1999.

_____. *A mitologia dos orixás africanos.* São Paulo: Oduduwa, 1990.

_____. *Ogum. Dor e júbilo nos rituais de morte.* São Paulo: Oduduwa, 1990.

SEVERINO, Antonio Joaquim. *Metodologia do trabalho científico.* 20. ed., rev. e ampl. São Paulo: Cortez, 1996.

SODRÉ, Muniz. *O terreiro e a cidade.* Petrópolis: Vozes, 1988.

TENÓRIO, Waldecy. *A bailadora andaluza. A explosão do sagrado na poesia de João Cabral.* São Caetano do Sul: Ateliê Editorial/Fapesp, 1996.

THEODORO, Helena. *Mito e espiritualidade. Mulheres negras.* Rio de Janeiro: Pallas, 1996.

TURNER, Victor W. *O processo ritual.* Trad. port. Nancy Campi de Castro. Petrópolis: Vozes, 1974.

UNGER, Nancy Mangabeira. *O encantamento do humano. Ecologia e espiritualidade.* São Paulo: Loyola, 1991.

_____. *Cosmos e pólis – Fundamentos filosóficos do pensamento ecológico.* Tese de doutorado em Educação na Área de Filosofia e História da Educação, Universidade Estadual de Campinas, São Paulo, 1998.

VALCÁRCEL, Luis E. *Machu Picchu, el más famoso monumento arqueológico del Perú.* Buenos Aires: Editorial Universitária de Buenos Aires, 1984.

VERGER, Pierre Fatumbi. *Fluxo e refluxo.* São Paulo: Corrupio, 1993.

_____. *Notas sobre o culto aos orixás e voduns.* Trad. Carlos Eugênio Moura, São Paulo: Edusp, 1999.

Artigos, tomo I. São Paulo: Corrupio, 1992.

_____. *As senhoras do pássaro da noite.* São Paulo: Edusp, 1994.

_____. *Lendas africanas dos orixás.* Ilustrações Carybé. Salvador: Corrupio, 1997.

VILLOLDO, Alberto. *Os quatro ventos. A odisséia de um xamã na floresta amazônica.* São Paulo: Ágora, 1997.

VOGEL, Arno; Marco Antônio Mello & José Flávio Pessoa de Barros. *A galinha d'angola. Iniciação e identidade na cultura afro-brasileira.* Rio de Janeiro: Pallas, 1998.

WALKER, Sheila S. *Cerimonial spirit possession in Africa and Afro-American.* Leiden: E.J. Brill, 1972.

WEBER, Renée. *Diálogos com cientistas e sábios.* São Paulo: Cultrix, 1995.

Artigos

AMARAL, Rita de Cássia. Awon Xirê. In: *Leopardos dos olhos de fogo*. São Paulo: Ateliê Editorial, 1998.

AUGRAS, Monique. O terreiro na academia. In: *Faraimará. O caçador traz alegria*. Rio de Janeiro: Pallas, 1999.

BERNARDO, Teresinha. As religiões afro-brasileiras. In: *O simbólico e o diabólico*. São Paulo: Educ, 1999.

BYINGTON, Carlos Amadeu B. Ética e psicologia. In: *Junguiana*. São Paulo: Pallas Athena, 1987.

BRAGA, Júlio. Religião afro-brasileira e resistência cultural. In: *Faraimará. O caçador traz alegria*. Rio de Janeiro: Pallas, 1999.

BRITO, Ênio José da Costa. Cultura popular: memória e perspectiva. In: Revista *Espaços* 4/2. Instituto Teológico São Paulo, 1996.

_____. A cultura popular e o sagrado. In: *Interfaces do sagrado em véspera de milênio*. São Paulo CRE/PUC. Olho D'Água, 2000.

_____. Brasil 500 anos: memória, teologia e estudos afro-brasileiros. In: *Espaços* 7/2. Instituto Teológico São Paulo, 1997.

_____. Cultura popular, literatura e religião. In: *Religião ano 2000*. São Paulo: Edições Loyola, 1998.

_____. *Uma crítica a globalização a partir da energia: solar e religiosa* (mimeo.), 1999.

CAMPOS, Vera Felicidade. Estruturação de atitudes, individualidade. In: *Faraimará. O caçador traz alegria*. Rio de Janeiro: Pallas, 1999.

CHAUÍ, Marilena. Janela da alma espelho do mundo. In: *O olhar*. São Paulo: Companhia das Letras, 1990.

DAMATTA, Roberto. A dualidade do conceito de cultura. *O Estado de S. Paulo*, 19/5/99, caderno 2, p. 7.

DANIEL, Yvonne Payne. *Embodied knowledge, within the sacred choreographies of the orishas*. Smithonian Institution. Washington, DC, 1991.

_____. Changing values in Cuba rumba. *Dance Reserch Journal*, Congress on Research in Dance, 23/2, Outono, pp. 1-10, 1991.

DEOGUM, Moacyr Barreto Nobre. A ialorixá irmã de Ogum. In: *Faraimará. O caçador traz alegria*. Rio de Janeiro: Pallas, 1999.

LIMA, Vivaldo da Costa. Ainda sobre a nação de queto. In: *Faraimará. O caçador traz alegria*. Rio de Janeiro: Pallas, 1999.

LUZ, Marco Aurélio. Alapini Baba wa e o pensamento futuro. In: *Ancestralidade africana no Brasil*. Salvador: Secneb, 1997.

MENDES, Cândido. Cultura brasileira. *Cadernos Cândido Mendes,* nos 6 e 7. Rio de Janeiro: Ceao, 1982.

MOSQUERA, Gerardo. *África en la cultura de América* (mimeo.), 1990 e 1993.

OSTROWER, Faiga. A construção do olhar. In: *O olhar*. São Paulo: Companhia das Letras, 1990.

OTTEM, Alexandre. "Deus é Brasileiro". Uma leitura teológica do catolicismo popular tradicional. In: *Vida pastoral*, nº 209. Paulus, São Paulo, 1999.

PRETTO, Hermilo E. Antropologia da festa. In: *Espaços* 7/1. Instituto Teológico São Paulo, 1999.

RAMOS, Denise Gimenez. A vivência simbólica no desenvolvimento da consciência. In: *Religião ano 2000*. São Paulo: Loyola, 1998.

RODRIGUÉ, Maria das Graças de Santana. *Rasparam tua cabeça? Ancestral wisdom, contemporary forms* (mimeo.), 1996.

_____. *Na encruzilhada do império, Iyansã, Iyá Messan Orun* (mimeo.), 1993.

_____. *O corpo no templo, o corpo no tempo. O corpo como expressão cultural* (mimeo.), 1992.

_____. A tolerância dos deuses é diabolicamente fascinante. In: *Último andar*, Caderno de Pesquisa em Ciências da Religião. Ano 2, nº 2. São Paulo: Educ, 1999.

_____. Há festas, festivais e festividades em que deuses transitam como faíscas. In: *Último andar*, Caderno de Pesquisa em Ciências da Religião. Ano 3, nº 3. São Paulo: Educ, 2000.

SANTOS, Deoscóredes Maximiliano (Alapini). Iya Mi Osun Muiwá. In: *Mãe senhora, saudade e memória*. Salvador: Currupio, 2000.

SANTOS, Joana Elbein. Mãe senhora, lembranças e reflexões. In: *Mãe senhora, saudade e memória*. Salvador: Corrupio, 2000.

SODRÉ, Jaime. Ialorixá, o poder singular feminino. In: *Faraimará. O caçador traz alegria*. Rio de Janeiro: Pallas, 1999.

TAVARES, Ildásio. Oriki Oyê Orukó. In: *Faraimará. O caçador traz alegria*. Rio de Janeiro: Pallas, 1999.

THEODORO, Helena. Mulher negra, dignidade e identidade. In: *Faraimará. O caçador traz alegria*. Rio de Janeiro: Pallas, 1999.

WALKER, Sheila. African gods in America. *The Black Religious Continuum in Black Scholar,* vol. 11 (8), 1980.

A diversidade humana é um presente da vida. A população negra é uma presença particular. A cultura editorial tornou-a invisível ou restrita como imagem e assunto. O conceito que orienta as nossas publicações quer reinventar esse espaço negro, mantendo na ficção e não-ficção as etnicidades negras como ponto de referência. A Selo Negro Edições, ao mesmo tempo que amplia repertórios, alinha um segmento e evidencia sua singularidade para os títulos em educação, psicologia, filosofia, comunicações, literatura, obras de referência etc. Procura cruzar, através das múltiplas áreas disponíveis, temas que apontem particularidades dessa história coletiva. Dirigidos a toda a sociedade brasileira, os títulos de autores nacionais dialogam com textos de diferentes pontos do planeta nessa iniciativa.

A Selo Negro Edições apresenta-se como mensageira dessa produção!

Bem-vindos ao nosso universo editorial!

www.gruposummus.com.br

IMPRESSO NA
sumago gráfica editorial ltda
rua itauna, 789   vila maria
02111-031   são paulo   sp
tel e fax 11 **2955 5636**
sumago@sumago.com.br